# बिखरे बिम्ब

और

# पुष्प

[दो एकल नाटक]

# बिखरे बिम्ब
# और
# पुष्प

[दो एकल नाटक]

**गिरीश कारनाड**

अनुवाद

पद्मावती राव

राधाकृष्ण प्रकाशन

*[मूल कन्नड़ नाटकों 'ओडकलु बिम्ब' और 'फ्लावर्स' का हिन्दी अनुवाद]*

ISBN : 978-81-8361-850-2

**बिखरे बिम्ब** और **पुष्प**



**पहला संस्करण :** 2017
**तीसरा संस्करण :** 2023

**मूल्य :** ₹ 395

**प्रकाशक**
राधाकृष्ण प्रकाशन प्राइवेट लिमिटेड
जी-17, जगतपुरी, दिल्ली-110 051
**शाखाएँ :** अशोक राजपथ, साइंस कॉलेज के सामने, पटना-800 006
पहली मंजिल, दरबारी बिल्डिंग, महात्मा गांधी मार्ग, प्रयागराज-211 001
1, अनमोल सोराबजी संतुक लेन, धोबी तलाव, मरीन लाइंस, मुम्बई-400 002
वेबसाइट : www.radhakrishnaprakashan.com
ई-मेल : info@radhakrishnaprakashan.com

**मुद्रक**
बी.के. ऑफसेट
नवीन शाहदरा, दिल्ली-110 032

BIKHARE BIMB aur PUSHPA
*Two Plays (Monologue)* by Girish Karnad
*Translated* by Padmavati Rao

# नाटककार का मंतव्य

वो ज़माना था कम्पनी नाटकों की बहार का जब थियेटर के लिए मुझ में चाव हुआ। पेशेवर कलाकारों के घुमन्तु दलों को अपने बचपन में देखा था मैंने। वो रंगमंच भरा-भरा सा होता। लकदक होता कलाकारों से, उनकी चाल-ढाल और अन्दाज़ से। क़िरदारों की ख़ास चीज़ों और कथावस्तु के साथ गरजते-धमकते 'एक्शन' से भरपूर। मेरी शुरुआत के दिनों के लिखे नाटक थे—'तुग़लक', 'रक्त-कल्याण' (तलेदंड), 'अग्नि और बरखा'—इनमें नट-नटियों का मेला है रंगमंच पर। लेकिन वक्त के साथ मैं मंच पर किफ़ायत की तरफ बढ़ता गया। ऐसे मंच की तरफ़ जहाँ नाटक मानसिक (अन्दरूनी), हलचल से उभरता है न कि बाहरी शारीरिक क्रिया-कलाप से।

इस बदलाव का एक कारण ये है कि आजकल की, मीडिया वाली तेज रफ्तार से चलने वाली दुनिया में ऐसे कलाकार मिलना मुश्किल हैं जो रिहर्सल के लिए पूरा वक्त निकालें। और ये बड़े नाटकों के लिए बहुत ज़रूरी होता है। लेकिन इससे भी ज्यादा ये मेरी अन्दरूनी ज़रूरत थी। आदमी के भीतर झाँक-टटोलकर उसका अन्तरंग पहचानने की मेरी ज़रूरत।

## बिखरे बिम्ब और पुष्प : दो एकल नाटक

इस संग्रह में केवल दो नाटक हैं—जो अकेले एक नट द्वारा खेले जाने के ढंग से ही लिखे गये। अंग्रेज़ी में ये 'मोनोलॉग' कहे जाते। अंग्रेज़ी के कवि, 'रॉबर्ट ब्राउनिंग' अपने नाटकीय मोनोलॉग के लिए ख़ासतौर पर जाने जाते थे। संस्कृत में इस तरह की रचना शायद 'भाण' कहलाती। संस्कृत में भाण के चार प्रसिद्ध उदाहरण हैं।

यहाँ उल्लिखित दो नाटकों में से एक—'पुष्प' तो सीधा-सादा 'भाण' है। ये कर्नाटक के चित्रदुर्गा इलाके की एक लोककथा पर आधारित है। ये मैंने ता.रा. सुबण्णा जी के उपन्यास 'हँसेगीते' में पहली बार पढ़ी थी। सुबण्णा जी के विवरण में कथा का मूल है—राजा और पुरोहित के बीच एक लम्बी बहस—यानी राजसत्ता और कला के बीच—बहस। इस कथा के विवरण में दोनों स्त्रियों का स्थान बहुत ही कम है।

मगर मेरे मन में कथा का सार एक बाल से लटकते उस फूल में था, जो भक्ति का प्रतीक है और साथ-साथ शृंगार का भी। ये मिथ्या और मानभंग के स्तरों में लिपटा हुआ भी है।

भाण की एक आवश्यकता होती है कि उसे संगीत या नृत्य के विस्तृत अलंकार के बगैर पेश किया जाए और मुझे आशा है कि कलाकार इस सादगी को सलामत रखते हुए, इसे मंच पर प्रस्तुत करेंगे। रजत कपूर, जिन्होंने रोग थियेटर (Rouge Theatre) के लिए इसे अंग्रेज़ी में पेश किया, अपनी जगह से उठे तक नहीं। इससे हुआ ये कि, स्थिरता से वस्तुस्थिति की गहराइयाँ, बारीकियाँ, उसकी ध्वनि और पेचीदा गूँज उभर कर आई।

'बिखरे बिम्ब' है एक कलाकार के लिए जो एक साथ दो विपरीत पात्र निभाए। 'डबल' का ख़याल हमेशा से ही आदमी के लिए मनमोहक रहा है। जैसे कि शक्ल से हूबहू मिलते हुए

जुड़वाँ के रूप में। और भी हैरत रही है, खुद के अन्दर बसे अपने ही डबल के बारे में। समरूप जुड़वाँ शेक्सपीयर के नाटकों का बुनियादी अंश रहे हैं पर मैं ये वाक़ई आजमाकर देखना चाहता था कि क्या मैं एक ही कलाकार को, उसके अपने दो खंडित बिम्बों के सामने खड़ा करवा सकता हूँ? समक्ष और परस्पर। यहाँ नायिका ख़ुद का सामना करती है बिम्ब बनकर। उससे बहस करती है और फिर उसी में समा जाती है। अपनी ही तस्वीर में ढलकर (मॉफ होकर) उससे एक हो लेती है। उसकी पूरी शख्सियत, उसकी स्वतंत्र पहचान, उन बिम्बों में उलझ जाती है जिन्हें वो जी चुकी थी। या जिनको उसी ने रचा था।

यहाँ मुझे नाट्यशास्त्र का नहीं बल्कि फ़िल्में बनाने के मेरे अपने अनुभव से सहारा मिला। एडवांस्ड टेक्नोलॉजी के आगमन से पहले, हाल में ही एक तकनीक का इस्तेमाल होता था आम तौर पर एक ही कलाकार द्वारा दो किरदारों को निभाना। डबल रोल का ये जादू परदे को दो हिस्सों में बाँटकर किया जाता था। एक हिस्से को ढका हुआ रखकर, उस पर अलग से फ़िल्माया हुआ हिस्सा चढ़ा दिया जाता। हमेशा ही इन दो हिस्सों के बीच खिंची हुई एक पतली-सी अनदेखी लकीर होती थी। मुझे लगा इस मूल तकनीक को लेकर साथ के बिम्ब को भी रंगमंच पर एक और कलाकार के रूप में मौजूद किया जाए बस, ये ख़याल बहुत ही मनमोहक लगा।

मुझे अपने ही नाटक का निर्देशन करने की चाह कभी थी ही नहीं। मैंने इस ज़िम्मेदारी को औरों के काबिल कन्धों के हवाले ही किया। अगर कोई निर्देशक मेरे नाटक को ऐसा रूप देता है जो मेरे दिये हुए रूप से बहुत अलग हो तो और भी अच्छा। मैं इसे मेरे नाटककार को दी गई दाद समझूँगा। पर मैंने खुद ही 'बिखरे बिम्ब' की पहली प्रस्तुति का निर्देशन किया।

रंगमंच और फ़िल्मों में पाए हुए अपने अनुभव से काम लेना ज़रूरी लगा इसको साकार करने के लिए।

ये नाटक अरुंधति नाग को मेरा सलाम भी है कि उन्होंने बंगलौर में 'रंग शंकरा' की स्थापना पूरी की, जब कि मुझे उस वक़्त ये नामुमकिन लगा था और फिर इस नाटक को उसी रंगमंच पर प्रस्तुत भी किया—आरम्भ वहीं से हुआ।

शबाना आज़मी ने भी 'बिखरे बिम्ब' का अंग्रेज़ी रूपांतर पेश किया है और यू.एस. में कामयाब दौरे भी किए हैं इसके साथ। इस प्रस्तुति के निर्माता हैं—एस. प्रोडक्शंस और निर्देशक हैं ॲलीक पदम्सी।

पद्मावती राव ने इन दोनों नाटकों का हिन्दी अनुवाद किया है। ये कैसा भयंकर काम था मैं जानता हूँ। उनको मेरा आभारपूर्वक धन्यवाद।

रामगोपाल बजाज का भी सहयोग के लिए धन्यवाद।

बंगलौर

**—गिरीश कारनाड**

# अनुवादक की ओर से

प्रस्तुत अनुवाद में मूल भाषा का वाक्य प्रयोग हिन्दी में अपनाया गया है ताकि रिश्तों और सोच तथा भावनाओं का काव्य इसमें घुले।

श्री रामगोपाल बजाज ने चार दिन बंगलौर आकर अपना क़ीमती वक़्त दिया। इस अनुवाद को ख़ासकर 'पुष्प' को प्रकाशन के लिए सटीक स्वरूप देने में उन्होंने अपना बहुमूल्य योगदान दिया। इसके लिए मैं उनकी आभारी हूँ।

**—पद्मावती राव**

# क्रम

# बिखरे बिम्ब

*[टेलीविज़न स्टूडियो के अन्दर बड़ी प्लाज़्मा स्क्रीन टँगी हुई है। यह इतनी बड़ी है कि दर्शकों को इस पर क्लोज़अप साफ़ नज़र आए। रंगमंच के दूसरी ओर एक कुर्सी और एक ऐसी टेबल जो स्पष्ट रूप से 'टेली टेबल' लगे—मज़बूत, चौड़ी और अर्धवृत्ताकार।*

*रंगमंच के पिछले हिस्से में कई छोटे-बड़े टेलीविज़न सेट हैं। मंजुला नायक प्रवेश करती है। चाल आत्मविश्वासपूर्ण, उम्र पैंतीस से पैंतालीस साल। वह लेपिल माइक पहने हुए है। अपने इर्द-गिर्द देखती है।]*

**मंजुला :** नाइस, वेरी नाइस, नीट! *(बैठकर ईयर पीस को कान में ठीक से लगाती है।)* अच्छा पर कैमरा कहाँ है? ओहो!

नई टेक्नोलॉजी...आज है तो कल नहीं, उफ़! *(सुनती है।)* हाँ, जानती हूँ। लन्दन, टोरोंटो, सब कहीं देखा है, पर देसी स्टूडियोज़ की बात ही अलग है—हर तरफ़ चीज़ें बिखरी हुईं। यहाँ से वहाँ, वहाँ से यहाँ दौड़ते, चिल्लाते हुए टेक्नीशियंस। हाथों से इशारे करते हुए इंजीनियर्स। वो राक्षस जैसा कैमरा। हेड फ़ोंस, गाँठों में उलझे हुए केबल्स। एक या दो नहीं...पर यहाँ सब कुछ एकदम चकाचक! जैसे रंगोली के लिए तैयार कोई फ़र्श...*(ईयर फ़ोन में)* जानती हूँ। हाँ, ज़रा सुनसान लगता है। लोग ही नहीं हैं न! जैसे साउंड स्टूडियो में होता है, बस वैसे ही। ठीक है, मुझे अपनी नाक के ठीक सामने देखना है। वहाँ कैमरा है, ऐसा मानकर भाषण झाड़ना है। हाँ-हाँ, तुम्हारी आवाज़ बिलकुल स्पष्ट सुनाई दे रही है। आँ? ....साउंड लीक हो रहा है। वॉल्यूम-वॉल्यूम? गुड। अच्छा, वोइस् टेस्ट? अच्छा...टेस्टिंग, टेस्टिंग। हेलो, हेलो। वन, टू, थ्री, फोर। माइक के सिर पर टिक-टिक चुटकी बजाऊँ क्या? शुरू कर दूँ भाषण? ठीक दस मिनट का लिखा है। अजी, अलार्म लगा के टाइम किया था। नहीं-नहीं, पढ़ूँगी नहीं, नाक के बिलकुल सामने देखकर बोलना जो है—पढ़ना नहीं है। ठीक है। पर स्क्रिप्ट की ओर देखे बग़ैर बोलने में शायद एक आध मिनट ज़्यादा लग जाए। तुतलाए बिना सँभाल लूँगी। आँ?...ठीक है, रेडी, रेडी।

**अनॉउंसर :** नमस्कार! आज की शाम श्री टी.वी. चैनल के लिए बड़े गर्व की शाम है। आज हम आपके सामने पेश करते हैं, श्रीमती मंजुला नायक को। इनकी पहचान ज़्यादातर एक कन्नड़ कहानी लेखिका की हैसियत से है। अब तक इनकी लघु कहानियों के पाँच संग्रह छप चुके हैं। तीन

साल पहले इनमें से एक संग्रह के लिए इन्हें बेस्ट वूमन राइटर ऑफ द ईयर अवॉर्ड से सम्मानित किया गया। पर पिछले साल श्रीमती नायक ने सारी दुनिया को चौंका दिया। जी हाँ, सारी दुनिया को। एक उपन्यास लिखकर। इनका पहला उपन्यास—अंग्रेज़ी में—'द रिवर हैज़ नो मेमरीज़!'

इन्हें अपने विलायती प्रकाशकों से मिली एडवांस की रक़म वर्तमान पत्रों की सुर्ख़ियाँ बनी हुई थीं। यहाँ और पश्चिमी देशों में भी। और देखते-ही-देखते यह उपन्यास सारी दुनिया में एक बेस्ट सेल्लर बन गया। इतना ही नहीं, इस उपन्यास का अट्ठाईस भाषाओं में अनुवाद हुआ, तो हम ये उम्मीद रख सकते हैं कि अब नोबेल प्राइज़ दूर नहीं। श्रीमती नायक को हमारी हार्दिक शुभकामनाएँ।

आज शाम हम दिखाने जा रहे हैं, इसी उपन्यास पर आधारित एक टेलीफ़िल्म, अब से दस मिनट में।

और अब हमारे साथ स्टूडियो में स्वयं श्रीमती मंजुला नायक उपस्थित हैं। इन्होंने हमारे दर्शकों से मिलने के लिए, यहाँ आकर अपने लेखन के बारे में बात करने के लिए हमारे आमंत्रण को स्वीकार किया, तो हम इनके आभारी हैं। लीजिए, स्वागत है इस दशक के साहित्य-संसार की जानी-मानी लेखिका, सबसे अद्भुत लेखिका श्रीमती मंजुला नायक का।

*(साउंट ट्रैक पर तालियाँ। अनॉउंसर अदृश्य होता है और वहीं मंजुला की प्रतिमा उभरती है। वह बात करती है।)*

**मंजुला :** नमस्ते। मैं मंजुला नायक। सच कहा जाए तो दैनिक जीवन में मैं हूँ श्रीमती मंजुला मूर्ति। लेकिन लेखिका के रूप में

मंजुला नायक ही बनी रही। हमारी अपनी ज़िन्दगी के किसी एक कोने को तो हम अपने लिए, अपने स्वयंसिद्ध अस्तित्व के लिए बचाए रखें। क्या यह आवश्यक नहीं? ऐसी कोई तो जगह बनाएँ जो शादी से परे हो। पिछले साल तक मैं कॉलेज में अंग्रेज़ी की प्राध्यापिका थी पर साहित्यिक लेखन कन्नड़ में ही करती रही हूँ। अपनी ही साहित्यिक कृति के बारे में, रचनात्मक प्रक्रिया के बारे में बात करना मुश्किल काम है। इसलिए मैंने एक आसान तरीका ढूँढ़ निकाला। मैं चाहे कहीं भी जाऊँ, यहाँ भारत में या विदेश में, मुझसे दो सवाल किए जाते हैं। उन्हीं दो सवालों के जवाब देकर मैं आज चुप हो जाऊँगी। लेखक को और करना क्या है! लिखना और चुप्पी साधना! क्यों? है न!

*पहला सवाल*—अब तक ये सवाल आपको भी सूझा होगा। अब तक कन्नड़ में ही साहित्य की खेती करनेवाली मैं, अचानक अंग्रेज़ी में क्यों लिखने लग गई? क्या मैं अपने आपको कन्नड़ लेखकों में से एक मानती हूँ? या अपनी गिनती अंग्रेज़ी लेखकों में करती हूँ? मेरे पाठक कहाँ के हैं? भारत के या विदेश के? इत्यादि, इत्यादि। *(सोचती है, फिर हँस पड़ती है।)* सच कहूँ तो अगर मुझे पहले से ही पता होता कि मेरे अंग्रेज़ी में लिखने से इतने लोगों को इतनी परेशानी होगी तो मैं ये ग़लती कभी न करती। ऐसी ग़लती करने से पहले ही कान पकड़ लेती। मैंने सोचा था कि वो जिन्हें मैं गुरु मानती हूँ, वो अतिरथी, वो महारथी, वो जिन्हें मैं बड़े गर्व से बुद्धिजीवी समझती हूँ, वो मेरी कामयाबी से ख़ुश होकर मेरी पीठ थपथपाएँगे, मुझे शाबाशी देंगे। पर मेरे सारे बुज़ुर्ग अचानक

मुझ पर इस तरह टूट पड़ेंगे, इसका मुझे अन्दाज़ा ही नहीं था। मेरे सिर पर यह आरोप है कि मैंने कन्नड़ को धोखा दिया, उसका घात किया। घात! विश्वासघात! तो जवाब तो देना ही होगा।

सच कहूँ, जब मैंने यह उपन्यास लिखना शुरू किया तो किस भाषा में लिखूँ, यह मैंने पहले से तय करके लिखना शुरू नहीं किया। मेरे जाने बग़ैर, कहानी ख़ुद-ब-ख़ुद अंग्रेज़ी में फूट निकली। मैं ख़ुद हैरान थी कि ऐसा क्यों? यह कहानी अंग्रेज़ी में क्यों उभर रही है?

कुछ उभरा, कुछ बना, बस। स्पष्टीकरण के लिए मुझे और कुछ नहीं सूझ रहा और अगर मैंने कुछ कहा भी तो वो झूठ होगा। इतनी सीधी-सी बात हमारे बुद्धिजीवी लोग क्यों समझ नहीं पाते, मेरी समझ में नहीं आता! कुछ लोगों ने तो यह आरोप लगाया है कि मैंने विदेशी पाठकों को ध्यान में रखकर यह उपन्यास लिखा, वो लेखक जिन्हें मैं गुरु मानती थी, वो अतिरथी, महारथी, आज मुझ पर अंगारे बरसा रहे हैं।

पर पता है, मेरे अंग्रेज़ी प्रकाशकों ने मुझे क्या लिखा है? "हमें तुम्हारी किताब इसकी भारतीयता के लिए पसन्द है। भारत से हमारे पास कई उपन्यास आते रहते हैं, पर वो सब पश्चिमी पाठकों को ध्यान में रखकर लिखे हुए होते हैं इसलिए वो यहाँ कामयाब नहीं होते। तुम्हारे लेखन में भारत के मध्यमवर्गीय ज़िन्दगी की महक है, उसका स्वाद है...यहाँ की मिट्टी की ख़ुशबू है।"

पर हमारे यहाँ के पंडित मानें तब न!

कुछ पंडितों के अनुसार, भारतीय लेखकों के लिए अंग्रेज़ी में अपने अन्दरूनी भावों को ईमानदारी से पेश

करना असम्भव है। भारतीय लेखकों के लिए अंग्रेज़ी है ही एक बेईमान माध्यम! *(हँसती है।)*

अर्थात् कन्नड़ में लिखनेवाले लेखक कितने ईमानदार होते हैं, यह पूछा जा सकता है। पर भगवान बचाए, अगर हम ऐसा सवाल करें तो! क्योंकि वो भी हमारे विश्वासघात का सबूत होगा। यानी कुछ भी हो, ग़लती तो हमारी ही है।

हाल ही में साहित्य अकादमी के अध्यक्ष ने एक घोषणा की, कि अंग्रेज़ी में लिखनेवाले भारतीय लेखक पैसों पर नज़र रखकर लिखते हैं...यानी अंग्रेज़ी में लिखने की क्रिया से ग्लोबल कंज्यूमर मार्केट इकोनॉमी में वो भी सहभोगी बन जाते हैं। अर्थात् ये सब कहा गया अंग्रेज़ी में। कुछ बातें अंग्रेज़ी में कही जाएँ तो वज़नदार लगती हैं। अरे भई, इसमें ग़लत क्या है?

आख़िर आमदनी भी तो एक जायज़ मक़सद है! मैं तो कहती हूँ कि अनुक्रिया हो तो अच्छा है, और वो अनुक्रिया अर्थपूर्ण हो तो क्या कहने!

आप सब तो जानते ही हैं कि अर्थ शब्द का एक और अर्थ भी होता है। *(हाथ से इशारा करती है।)*

समस्या सृजनशीलता की नहीं है, समस्या है—नक़द नारायण की, पैसे की!

एक कन्नड़ लेखक किसी कामयाब अंग्रेज़ी लेखक जितना हासिल कर ही नहीं सकता। नुक़ताचीनी की जड़ में बसे इस इन्सिक्योरिटी को मैं समझती हूँ।

कन्नड़ में लिखती आई हूँ इसलिए मुझे इस पीड़ा की, इस जलन की समझ है। मिसाल के तौर पर, मेरे इस उपन्यास के लिए मिली हुई रॉयल्टी का पहला एडवांस

इतना था कि मैंने अपनी नौकरी से इस्तीफ़ा दे दिया और स्वतंत्र लेखिका बन गई। *(खड़ी होकर, हँसती हुई, विषय बदलती है।)* लगता है, इस विषय पर बस इतना काफ़ी है।

*दूसरा सवाल*—भगवान की दया से यह उपन्यास से सम्बन्धित है। सीधा-सादा सवाल है। तन्दुरुस्त तबीयत की मैं, एक हट्टी-कट्टी औरत—कॉलेज के दिनों में मैं लांग जम्प चैम्पियन थी—ऐसे में, बिस्तर से लिपटे, शय्या पर पड़े इनसान के दर्द, उसकी वेदना की मैं इतनी बारीक़ी से ज़िन्दा तसवीर कैसे बना पाई? ज़िन्दगी की भूखी, बीमारी की यातना में मौत की ओर खिंचती-ढलती हुई एक जवान लड़की की तसवीर मैंने इतनी संवेदना, अनुकम्पा, एम्पथी के साथ आख़िर उतारी कैसे! इस बात को दोहराते आँखें भर आती हैं। इसकी प्रेरणा है—मेरी छोटी बहन मालिनी।

जन्म से ही स्पष्ट हो गया था कि वो अपाहिज होगी। उस बीमारी को 'मेनीन्गोमायोसील' कहते हैं। कमर के ऊपरी हिस्से में कोई कमी नहीं होती। पर कमर के नीचे नर्वस सिस्टम बिलकुल निर्जीव होता है—काम ही नहीं करता। एक के बाद एक किए गए ऑपरेशंस से उसकी ज़िन्दगी नरक बन गई। उसने सारी ज़िन्दगी व्हीलचेयर में काटी।

छह साल पहले मेरे अम्मा-अप्पा का देहान्त हो गया। तब मैं उसे अपने यहाँ जयनगर वाले घर ले आई। इन पाँच-छह सालों में मैंने ही उसकी देखभाल की। आख़िरी एक-डेढ़ साल में उसकी हालत बहुत बिगड़ गई। वो ज़्यादा दिन नहीं बचेगी यह हमें भी मालूम था और उसे

भी। मेरे अपने बच्चे नहीं हैं, सो वही हमारी बच्ची बन गई। मुझे कभी महसूस भी नहीं हुआ कि मैं उसकी देखभाल कर रही हूँ।

उसके साथ मौत की अनिवार्यता का सामना करते हुए उसके दर्द में हमेशा शामिल थी मैं।

यह उपन्यास है ही उसके बारे में, उसकी यातना के बारे में, उसके अनुभव की ख़ुशियों के बारे में।

पिछले साल मेरी बहन चल बसी।

उसने जो देखा, चाहा, सपनों में सँवारा, उन सबको शब्दों में टटोलकर ज़िन्दा करने की कोशिश मेरी। उसकी मौत से अपनी ज़िन्दगी के गहरे ख़ालीपन को भरने की कोशिश। मेरी बहन, बहुत प्यारी छोटी बहन—हमेशा हँसती-खेलती हुई सहेली, मुझसे तो कहीं ज़्यादा होशियार, संवेदनशील...वो चल बसी और मैं अकेली पड़ गई। उस अकेलेपन को भरने का यत्न है यह। *(आँसू पोंछती है।)* उसे छोड़ उपन्यास के सभी पात्र काल्पनिक हैं—कहने की आवश्यकता नहीं।

मुझे यहाँ एक ऋण चुकाना होगा अपने पतिदेव प्रमोद मूर्ति का। इस उपन्यास को लिखते समय कॉलेज में मेरा काम जारी रहा। मैं काम से बाहर रहती थी। एक तरफ़ कॉलेज के काम का बोझ और अब बहन के बग़ैर सुनसान मकान काटने को दौड़ता। ऐसे में मैंने अंग्रेज़ी में पनाह ली। ऐसी गुफा में घुस गई थी जिसका अन्त न हो। आगे कुछ भी न लिख पाने के कारण कितनी बार बैठे-बैठे ढेर हो चुकी हूँ। एक और अक्षर को पन्ने पर उतारना असम्भव होते देख रोई भी हूँ। उस संघर्ष में हर क्षण मेरे पति ने मेरा साथ दिया। उनका सहारा न होता तो इस

उपन्यास को पूरा करने में पूरी तरह से असफल होती। ऐसा जीवन साथी मिलना, मेरा सौभाग्य है।

इस उपन्यास को, आज की ये शाम अपने प्रमोद मूर्ति के नाम करती हूँ।

मैंने अंग्रेज़ी में लिखा, इसका कोई प्रायश्चित्त नहीं। पर सौभाग्य से टेलीफ़िल्म कन्नड़ में है। फिर भी मैं हिन्दुस्तानी, कर्नाटक में पली-बढ़ी हूँ...इस मिट्टी की पैदाइश—इस बात का मुझे गर्व है। ख़ुशी की बात यह है कि जिस भारतीय वास्तविकता की कल्पना मैंने अंग्रेज़ी में की, निर्देशकों ने कहानी को ठीक-ठीक समझकर उसका कन्नड़ में अनुवाद किया। इतना सही अनुवाद मैं ख़ुद भी न कर पाती। कलाकारों ने हर पात्र को बड़ी आस्था से पेश किया है। उन सबको और श्री टी.वी. को मेरा धन्यवाद। मुझे आशा है कि आप इस कृति को पसन्द करेंगे। नमस्कार।

*(माइक में बोलती है।)* हो गया न? हुश्श! ठीक था या नहीं? रज़ा...*(सुनती है।)* ज़्यादा तुतलाई तो नहीं? अब जा सकती हूँ? गुड! थैंक यू।

*[कुर्सी पर पीछे की ओर टिककर बैठती है। लम्बी साँस लेती है। टी.वी. पर मुस्कुराती हुई नज़र आती है। टेलीफ़िल्म शुरू नहीं होती बल्कि बिम्ब बना रहता है स्क्रीन पर, मंजुला को ताकता रहता है।]*

फ़ूफ़! अब देखते हैं क्या करते हैं सारे टिप्पणी करनेवाले। बहुत डंक सहे इनके। अब इनको उलटे हाथ के दो पड़ें तो कोई हर्ज नहीं।

*[दरवाज़े की ओर जाती है।]*

**बिम्ब :** ए! कहाँ चली?

*[मंजुला चौंक जाती है। ईयर प्लग चेक करती है। दरवाज़े की ओर चलती है।]*

इतने में तुम नहीं जा सकतीं।

**मंजुला :** अय्यो! कैमरा अभी तक ऑन है क्या?

*[कुर्सी की ओर भागती है।]*

**बिम्ब :** नहीं, ऑफ़ है।

**मंजुला :** तो फिर? तुम? मैं?

**बिम्ब :** तुम खड़ी हो। मैं बैठी हूँ। कैमरा ऑन होता तो मैं भी तुम्हारी तरह खड़ी होती, है न?

**मंजुला :** ये क्या! क्या मज़ाक है! किस भगोड़े की शरारत है यह? *(माइक में)* हेलो! हेलो? रज़ा, कोई टेक्निकल प्रॉब्लम है क्या?

**बिम्ब :** नहीं, टेक्निकल प्रॉब्लम कोई नहीं।

**मंजुला :** टेप-वेप अटक गया होगा। रज़ा! रज़ा! बचाओ। कोई है? *(दरवाज़ा ठोंकती है।)*

**बिम्ब :** इतना परेशान होने की क्या बात है! यहाँ सिर्फ़ मैं हूँ।

**मंजुला :** तुम? कौन हो तुम?

**बिम्ब :** मैं—यानी तुम।

**मंजुला :** हें? यह है क्या? दिस इज़ अब्सर्ड, कम्प्लीटली अब्सर्ड! नॉनसेंस!

**बिम्ब :** हाँ, वो तो है! *(विश्वास न कर पाते धीरे से मंजुला बिम्ब को देखती है। बिम्ब मुस्कुराता है।)* वाह भई वाह! तुम्हारा भाषण बढ़िया था—दर्शक सभी ख़ुश! कांग्रेच्युलेशंस!

**मंजुला :** टेलीफ़िल्म अभी शुरू नहीं हुई क्या?

**बिम्ब :** भाड़ में गई टेलीफ़िल्म! घटिया, बेकार फ़िल्म।

**मंजुला :** मैंने उन्हें पहले ही बताया था—टेलीफ़िल्म मतलब अलग-अलग लोकेशंस चाहिए—मूवमेंट होनी चाहिए। पूरी कहानी एक ही घर में...मना किया था मैंने, पर रॉयल्टी तो अच्छी दी—मुझे क्या!

**बिम्ब :** आज के इस कार्यक्रम के समाप्त होते ही सब तुम्हारे भाषण की चर्चा करते रहेंगे, देखना। सारे टिप्पणी करनेवाले मुश्टंडों को मुँहतोड़ जवाब जो दे दिया। कल के सारे अख़बार तुम्हारे वचनों से भरे होंगे। विवाद होगा। फिर बहस छिड़ जाएगी, इसमें कोई शक नहीं।

**मंजुला :** छिड़ जाने दो—वही तो मैं चाहती हूँ।

**बिम्ब :** एक्सलेंट! फिर भी। अगर कोई ऐब ढूँढ़ निकालना ही हो तो...अपनी बहन की जो तुमने बात की, दिल से निकली बात थी। सच है, पर आँसुओं की ज़रूरत थी क्या?

**मंजुला :** मैं कोई ढोंग नहीं रचा रही थी। नाटक नहीं कर रही थी। उससे प्यार था। लगाव था। *(विराम)* अब भी है। उसे जितना चाहा और किसी को नहीं चाहा। अपने पति को भी नहीं।

**बिम्ब :** अच्छा!

**मंजुला :** हाँ, उपन्यास में उसके व्यक्तित्व के कई पहलुओं को स्पष्ट नहीं कर पाई। मानना पड़ेगा, देखने में वो मुझसे कहीं ज़्यादा ख़ूबसूरत थी। मुझसे कहीं अधिक बुद्धिमती। उसकी बराबरी मैं कभी नहीं कर पाई। उसमें उभरती हुई चेतना, तेज था, वो सब मेरे हिस्से नहीं पड़ा। बचपन में ही मैंने यह गाँठ बाँध ली थी कि उसकी और मेरी बराबरी हो ही नहीं सकती। ऐसे किसी फ़रिश्ते को...

**बिम्ब :** ऐसे किसी फ़रिश्ते को ऐसी बीमारी नहीं लगनी चाहिए थी!

**मंजुला :** लेकिन बीमारी का उसे एक फ़ायदा तो हुआ। उसने जो चाहा, उसे मिला। मगर उसने कुछ नहीं चाहा—कुछ भी नहीं माँगा। उसकी हालत के बारे में पता चलते ही अम्मा-अप्पा धारवाड़ छोड़ के बंगलौर आ गए। यहाँ कोरमंगला एक्सटेंशन में घर लिया। अपने आपको, अपनी ज़िन्दगी को, अपने अस्तित्व को उसकी देख-रेख में न्योछावर कर दिया। पर उसने कभी यह नहीं कहा कि उसे यही चाहिए या वही चाहिए। एक टीचर घर आता था...अंग्रेज़ी और गणित सिखाता था। बाक़ी सब उसने ख़ुद पढ़ा। इतिहास, समाजशास्त्र, एनाटॉमी, तत्त्वज्ञान। ज्ञान की प्यासी थी वो जान! ज़िन्दगी की प्यासी।

हाथ में जो आया उसे पढ़ के, निगल के हर साँस में पिरो लिया। हज़म कर लिया।

**बिम्ब :** और तुम?

**मंजुला :** मुझे भी वैसा प्रोत्साहन मिलता तो मैं भी उतनी ही प्रतिभाशाली होती शायद। तब मैं उसकी बराबरी कर पाती, कौन जाने!

**बिम्ब :** नहीं, कभी नहीं। हार मान लो।

**मंजुला :** क्यों? मैंने एक बेस्ट सेलर लिखा है, भूलो मत।

**बिम्ब :** हाँ। यह भी सच है।

**मंजुला :** *(धीरे से)* नहीं। मानना ही होगा। वह सब मुझमें था ही नहीं। अम्मा और अप्पा को भी पता था इसलिए पढ़ाई के लिए मुझे नानाजी के पास ही छोड़ दिया था धारवाड़ में। वहाँ मैं बड़े लाड़-प्यार से पली—यह सच है। फिर भी माँ-बाप तो नहीं थे न। असल में, मैं भी छुट्टियों में

यहाँ बंगलौर दौड़ी चली आती। पढ़ाई ख़त्म करने के बाद नौकरी भी बंगलौर में ही मिली। तब हम सब साथ में ही रहते थे कोरमंगला में। कैसा उल्लास भरा समय था वह। लेकिन छह महीने में ही प्रमोद से मेरी मुलाक़ात हुई—जान-पहचान हुई—शादी हो गई। बच्चे नहीं थे बस, इसके अलावा कोई शिकवा-शिकायत नहीं थी। अप्पा ने भी हमारा हिस्सा दे दिया। कहने को तो प्यारा-सा घर भी दिलवा दिया। जयनगर में। अलग से...। पर जायदाद का बड़ा हिस्सा तो मालिनी के नाम ही कर गए उसकी देखभाल के लिए...यह भी सही। मुझे न तीन में न तेरह में होने की आदत पड़ गई थी। उन्हें उसी की चिन्ता लगी रहती थी। मैं किसी तरह निभा लूँगी यह पता था उन्हें। होता है कई घरों में—जायदाद का बँटवारा, बीमार बच्चे को ज़रा...

**बिम्ब :** अम्मा-अप्पा के गुज़र जाने के बाद तुम सब उस कोरमंगला के घर में जाकर रह सकते थे। बड़ा मकान, इर्द-गिर्द बगीचा, स्पेस। उसके बजाय उसी को जयनगर क्यों ले आए?

**मंजुला :** अब अपना बसा-बसाया घर हो तो उसकी आदत हो चुकी होती है। और वैसे भी जयनगर से कॉलेज नज़दीक था, वरना हर रोज़ शहर की सैर करनी पड़ती। और तो और, इतना बड़ा घर कौन सँभालता? सँभालते-सँभालते दाँतों पसीना आ जाता। कौन सँभालता? मैं भी अम्मा की तरह घर में बैठी रहती तो चल जाता? और फिर मालिनी कभी न मानती। मैंने कहा न...शी वाज़ वन ऑफ़ द मोस्ट सेंसिटिव पर्संस आय हैव नोन। वो जानती थी कि अगर हम कोरमंगला रहने जाते तो मेरी ज़िन्दगी

उलट-पलट हो जाती। वो नहीं चाहती थी कि उसकी वजह से मुझे कुछ त्याग करना पड़े। वही जयनगर में हमारे छोटे-से घर में रहने आई। बड़े प्यार से जुट गई थी। कितने अच्छे से एडजस्ट हो गई थी। देखो, हम उसके घर को हाथ ही नहीं लगाना चाहते थे। घर तो उसके नाम था पर उसी ने ज़िद की। बेच दो, बेच दो। *(ठहरती है)* सबसे बड़ी बात तो यह है, कोरमंगला एक्सटेंशन में कन्नड़ बोलनेवाले लोग ही नहीं रहते। ऑल दोज़ एम्पटी हाउसेज़ बट बाय एन.आर. आइज़ ऐज़ इन्वेस्टमेंट। जहाँ जाओ वहाँ तमिल, इंग्लिश, हिन्दी। मेरे लेखन के लिए कन्नड़ मध्यमवर्गीय जीवन का वातावरण चाहिए था। उन दिनों मैं कन्नड़ में ही लिखती थी न!

**बिम्ब :** मालिनी को कन्नड़ आती थी?

**मंजुला :** आती क्यों नहीं थी...कामचलाऊ...बिलकुल नहीं, ऐसा तो नहीं था...कामवाली से...बावरची से...काम करवा सके उतना। उससे ज़्यादा नहीं।

**बिम्ब :** इसलिए कन्नड़ तुम्हारे हिस्से आई।

**मंजुला :** इसलिए शायद मैं कन्नड़ लेखिका बनी। पर सच कहूँ तो मैंने इससे पहले यह बात कभी किसी से भी नहीं की।

बहस के लिए अगर यह कहा जाए कि अंग्रेज़ी हमारी मातृभाषा न होने की वजह से, इसमें यहाँ के जीवन की असलियतों को उतारना मुमकिन नहीं, क्योंकि हम ख़ुद अंग्रेज़ी में अपनी भावनाओं को व्यक्त नहीं करते, अपने दिल की बात नहीं कर पाते। *(गहरी साँस लेकर हँसती है।)*

उफ़! हे भगवान! कैसा वाक्य है! यह कहीं सच होता तो बहन की ज़िन्दगी के बारे में कन्नड़ में लिखना ही नामुमकिन हो जाता, क्योंकि वो तो दिन-रात अंग्रेज़ी में ही बात करती थी। हर साँस में अंग्रेज़ी—सपने भी देखती तो अंग्रेज़ी में। उसकी सारी सहेलियाँ अंग्रेज़ी बोलनेवाली।

उसके हमारे यहाँ आने से मुझे एक फ़ायदा ज़रूर हुआ। मेरी अंग्रेज़ी सुधर गई। जो एकेडेमिक थी, क्रिएटिव बन गई।

**बिम्ब :** तो तुम्हारा अगला उपन्यास? वो भी अंग्रेज़ी में ही लिखोगी?

**मंजुला :** और एक उपन्यास? किसलिए? एक काफ़ी है न?

**बिम्ब :** वैसे देखा जाए तो ढेर सारा कमाया।

**मंजुला :** ढेर सारा नहीं। काफ़ी सारा।

**बिम्ब :** अब आगे क्या करोगी? बहन नहीं है। ख़ाली घर, लिखने को कुछ है ही नहीं।

**मंजुला :** इन तानों का क्या मतलब? क्या तुम यह कह रही हो कि मैंने अपनी कामयाबी के लिए अपनी बहन की वेदना का इस्तेमाल किया? इस उपन्यास में सिर्फ़ उसी की ज़िन्दगी नहीं है, मेरी भी है।

हालाँकि मैं इस बात का ऐलान नहीं करना चाहती, लेकिन मैं भी वहाँ उसमें एक पात्र बन के मौजूद हूँ। उसकी भाभी के रूप में।

**बिम्ब :** हाय! वो दुष्ट औरत!

**मंजुला :** हाँ, उपन्यास की खलनायिका।

**बिम्ब :** तो यह अपने बारे में वस्तुनिष्ठ बनकर लिखने की कोशिश है?

**मंजुला :** नहीं-नहीं, मैं उतनी बुरी भी नहीं हूँ। कथानक की रचना के लिए एक नेगेटिव किरदार की ज़रूरत थी।

अब नायिका जब इतनी दूध की धुली हो तो दूध का दूध और पानी का पानी दिखलाने के लिए, उसके काउंटर प्वाइंट के तौर पे, एक मन्थरा की भी ज़रूरत पड़ती है। ये एक तकनीकी ज़रूरत है—टेक्निकल नेसेसिटी। तुम नहीं समझोगी। रहने दो न।

**बिम्ब :** कुछ भी हो लेकिन प्रमोद को उपन्यास पढ़कर बहुत ख़ुशी हुई होगी, है न? उसका किरदार तो बड़े प्यार से उभर आया है। तेज़, स्थिर, भरोसेमन्द लेकिन ज़्यादा सुन्दर भी नहीं। नॉट वेरी गुड लुकिंग।

**मंजुला :** और कुरूप भी नहीं। नॉट वेरी गुड लुकिंग आयदर। कोई बात नहीं, मेरे लिए ठीक था।

**बिम्ब :** लेकिन शायद भोंदू कह सकें इतना ही।

**मंजुला :** हाँ...मैंने बंगलौर आकर नौकरी शुरू कर दी। कुछ ही दिनों में मेरी प्रमोद से जान-पहचान हुई। साहब हम पर फ़िदा हो गए। तब उसने किया क्या पता है?

मेरी एक सहेली थी—लूसी। हम दोनों की जोड़ी थी हमेशा। जनाब ने मुझे एक चिट्ठी लिखी और उसे भी एक लिखी। मुझे लिखी हुई चिट्ठी उसने लूसी के घर के पते पर पोस्ट की और उसे लिखी हुई चिट्ठी मेरे पते पर भेज दी। मानो बग़ैर जाने-बूझे हो गया हो अदल-बदल। मतलब लूसी के नाम की चिट्ठी मेरे हाथ लगी। मैं उसे किस तरह सताती हूँ, कैसे मैंने उसका जीना मुश्किल कर दिया है चिट्ठी में इसका बेझिझक बयान किया था। तब तक मुझे यह पता भी नहीं था कि साहब हमको दिल दे बैठे हैं। हम दोनों ने एक साथ जाकर उससे जवाब

माँगा। लूसी ने बहुत मेलोड्रमैटिक होकर चिट्ठी को चिन्दी-चिन्दी कर उसके सिर काग़ज़ी बौछार कर दी और उलटे पाँव चल दी। मुझे उसके लिए बहुत बुरा लगा। मैंने कहा—अरे बेवकूफ, तू अपने को प्रेमकला में माहिर समझता है। पर हर पन्द्रह साल का लड़का यही चाल चलता है, यह समझकर कि उसने कुछ हटकर किया है—जैसे ज़माने भर में कभी किसी को यह चालाकी सूझी ही न हो। शर्म के मारे उसके तो पसीने छूट गए। और फिर पन्द्रह दिन तक साहब ग़ायब!

**बिम्ब :** पर आख़िर तुम उसे मिल ही गईं न! यानी उसकी चाल तो चल गई।

**मंजुला :** क्या खाक़ चाल चली! बेवकूफ़ी का ऐसा बढ़िया नमूना दिखाने के बाद अपनी इज़्ज़त बचाने का एक ही रास्ता था। मुझसे शादी कर ली। मुझे भी मंज़ूर था।

**बिम्ब :** मंज़ूर न करती तो और करती क्या? छोड़ो...इतना अच्छा पति आख़िर तुम्हें इतनी आसानी से कहाँ मिलनेवाला था!

**मंजुला :** यह भी सच है।

**बिम्ब :** और लूसी?

**मंजुला :** मुझसे बात करना ही छोड़ दिया उसने। *(दोनों हँसती हैं।)* औरतें प्रमोद पर बड़ी आसानी से फ़िदा हो जाती हैं।

**बिम्ब :** मालिनी भी?

**मंजुला :** वो भी। औरत जो ठहरी...

**बिम्ब :** दोनों काफ़ी क़रीब थे?

**मंजुला :** मालिनी प्रमोद पर जी-जान निछावर करती थी। उसे भी उससे बहुत लगाव था। आय मीन ही वॉज़ फ़ौंड ऑफ़

हर। देखो, हमें एक बात याद रखनी चाहिए। मालिनी की ज़िन्दगी में मर्दों का आना-जाना मानो था ही नहीं। घर पर कौन था, अप्पा? घर में बाक़ी सब तो औरतें ही थीं। ले-देकर कोई एक टीचर आ जाता था। प्रमोद धमाके के साथ उसके जीवन में आया। मानो मालिनी की ज़िन्दगी के परदे पर छा गया था। उसके अलावा मालिनी की ज़िन्दगी में न और कोई पुरुष था और न ही उसे कोई ज़रूरत थी।

**बिम्ब :** तुम्हें इससे कोई एतराज़ भी नहीं था?

**मंजुला :** एतराज़? यह तो मेरा सौभाग्य था। वो सॉफ़्टवेयर वाला आदमी। सारा दिन घर में ही काम करता और अपनी मालिनी? वो घर के बाहर क़दम नहीं रख सकती थी। अगर इन दोनों की एक-दूसरे से न निभती तो फिर मेरा क्या होता? *(हँसती है।)*

और वैसे भी अगल-बग़ल दो औरतें हों तो हमारे साहब के मिज़ाज ही कुछ और होते हैं! इसीलिए तो मैं उसे रसिकलाल नन्दगोपाल कहती थी।

**बिम्ब :** उसे तुम पर बड़ा नाज़ रहा होगा। उपन्यास की कामयाबी। उसमें उसका किरदार। आज के भाषण में तुमने जो उसे दिया इतना श्रेय।

**मंजुला :** आज का भाषण उस तक पहुँचेगा भी या नहीं, भगवान जानें!

**बिम्ब :** क्यों? क्यों नहीं पहुँचेगा? इज़ देयर एनी प्रॉब्लम?

**मंजुला :** ए! कौन हो तुम? मेरी निजी ज़िन्दगी में दख़ल देने का अधिकार तुम्हें किसने दिया? अगर तुम मैं हो तो तुम्हें यह सब पहले से ही मालूम होना चाहिए और यदि ऐसा नहीं है तो तुम केवल एक इलेक्ट्रॉनिकल बिम्ब हो,

एक्सटरनली प्राइंग, सो व्हाय डोंट यू जस्ट....फ़...स्विच ऑफ़!

*[बिम्ब हँसता है। मंजुला मुड़कर ग़ुस्से से कुर्सी पर बैठ जाती है। विराम।]*

**बिम्ब :** हाँ, तुम कह रही थीं...कहो...कहो तो! मुझसे बात नहीं करोगी? बोलो न! देखो, आय एम सॉरी, मैं तुम्हारा सिर खा रही हूँ। पर सच तो यह है कि मैं अपना भी सिर खा रही हूँ। पर मैं यहाँ अपनी मर्ज़ी से नहीं हूँ। पता नहीं मैं यहाँ कैसे पहुँच गई! बस इतना जानती हूँ कि मैं यहाँ हूँ। मानो क़ैद हूँ इस टेलीविज़न फ़्रेम में। लिटरली बॉक्स्ड। मेरे वजूद के माहौल में। यू कुड से दिस इज़ माय एक्ज़िस्टेंशियल आंग्स्ट सो प्लीज़, कोऑपरेट। मैं तो केवल तुमसे बात करने के लिए यहाँ हूँ। *(विराम)*

एक ज़माना था जब आलोचक कहते कि मैं तुम्हारा विवेक हूँ...योर कॉन्शियंस। जैसे हमारी पुरानी फ़िल्मों में होता था। हीरो पैसा लेकर भागने को है। तभी अचानक उसकी परछाईं बोलने लगती है, 'रुको! वो पैसा तुम्हारे पिताजी की दवाइयों के लिए है। तुम्हारी माँ क्या कहेगी?' या फिर आईने में उसका बिम्ब बोल उठता है। पर वो सीधे-सादे दिन गए। अब हम हैं ज़्यादा साइंटिफ़िक सायकोलॉजिकल एनालिसिस के ज़माने में...या कम से कम हमें होना तो चाहिए।

आज हो सकता है मैं तुम्हारा फ़्रॉयडियन अनकॉन्शियस हूँ। वो सब जो तुमने अपने ज़हन से काट फेंका हो, रिप्रेस्ड मैटीरियल? दबाकर रखे हुए विषय—टैबू रिकलेक्शंस—अ ड्रीम, अ बैड ड्रीम...सचमुच मैं शायद एक बुरे सपने

की व्याख्या हूँ...एन इंटरप्रिटेशन ऑफ़ अ बैड ड्रीम। *(खिलखिलाती है।)* सॉरी अबॉउट दैट। *(विराम)*

देखो, तुमने मुझसे पूछा मैं कौन हूँ, पर इंग्लिश लिटरेचर वाली तो तुम ख़ुद हो। *(विराम)* हेमलेट से शुरुआत हुई, तुम्हें पता होना चाहिए। मुझसे पूछ के क्या होगा?

या फिर हम मुड़ चलें नारसिसस तक। वो अपने ही बिम्ब पर फ़िदा था। लेकिन यह मैं तुम्हारे बारे में नहीं कह सकती। ठीक है, तो फिर रोमैंटिक पीरियड ले लो...द डोप्पलगैंगर, डॉ. जेकल एंड मिस्टर हाइड। द पिक्चर ऑफ़ डोरियन ग्रे...और अगर इंग्लिश लिटरेचर से आगे जाकर रूस लिट्ट देखें तो दोस्तोयेवस्कीज़ 'द डबल।'

*[लम्बा विराम]*

जाक लकाँ ने तो मुझे अपनी बाँहों में समा लिया होता। *(गिड़गिड़ाती हुई)* कुछ कहो...प्लीज़। *(विराम। और परेशान होते हुए)* सॉरी, अब तो तुम ग्लोबल स्टैंडिंग की लेखिका हो। सो वुड यू रादर् वी एनलाइज़ मी इन मोर इंडियन टर्म्स? हमारे मिथक, लोककथाएँ और दादी-नानी की कहानियाँ, द इंडियन आरचीटायप्स।

अब सीता को ही देख लो। उसका काउंटर प्वाइंट थी— गाया सीता। कुछ-कुछ रामायणों में तो रावण दरअसल माया सीता का अपरहण करता है *(विराम)* और उत्तर रामायण में श्रीराम ने ग़ैरहाज़िर सीता की जगह उसकी सुवर्ण प्रतिमा बनाई। लगता है, रामायण के मर्दों को असली सीता हासिल ही नहीं हुई। उनके हाथ ही नहीं लगी वो। *(विराम)*

मैं अपने आपका मनोरंजन करने की कोशिश कर रही हूँ। क्या जगह ढूँढ़ी है मैंने—टेलीविज़न स्टूडियो से बेहतर कोई जगह नहीं मिली।

*[विराम। फिर अचानक]*

सोचो तो, क्या यह हमारा सौभाग्य नहीं कि मैं तुम्हारा बिम्ब हूँ और इसलिए तुमसे बाहर हूँ! मैं तुम्हारे अन्दर भी हो सकती थी, मल्टिपल पर्सनैलिटी सिंड्रोम का भाग हो सकती थी। लेकिन तब मैं तुम्हारे अन्दर होती। हम एक-दूसरे से जूझते तुम्हारे बदन के अन्दर। कभी तुम ऊपर, कभी मैं ऊपर...ख़ूब हाथापाई होती। एक-दूसरे से बात करने का मौक़ा ही नहीं मिलता, जैसे हम अब कर रहे हैं या नहीं कर रहे!

*[विराम]*

टू क्वॉट अ स्कॉलर :

सेक्सुएलिटी इज़ अ मैटर ऑफ़ कटिंग एंड स्पिलिटिंग, फॉलिंग अपार्ट एंड मीटिंग अगेन। इट इज़ अ मैटर ऑफ़ डिवीज़न एंड रीकॉम्पोज़िशन...ऐबसेंस एंड प्रेज़ेंस, डेथ एंड बर्थ। सेक्सुएलिटी इज़ डबल एंड डिवाइडेड। आय लाइक दैट। डोंट यू?

*[विराम]*

तो...सो मेनी डिस्कर्सीव पॉसिबिलिटीज़। आय वुड बी क्वाइट हैपी टू बी अ सेंट्रल ट्रांसेंडेंटल सिग्निफ़ाइड। यू कुड डीकनस्ट्रक्ट मी आउट ऑफ़ एविज़स्टंस। मुझे कोई ऐतराज़ नहीं। प्लीज़...कुछ तो कहो!

*(फिर गिड़गिड़ाती हुई)* और अगर तुम कुछ नहीं कहोगी तो मैं कुछ भी नहीं...। प्लीज़!

*[मंजुला और बिम्ब एक ही तरह बैठी हुई हैं।]*

**मंजुला :** क्या जानना चाहती हो?

**बिम्ब :** हुश्श! आय डोंट नो व्हाय यू फ्लैर्ड अप लाइक दैट! तुमने कहा, पता नहीं तुम्हारा भाषण उस तक पहुँचेगा या नहीं...मैंने पूछा क्यों?

**मंजुला :** उसे तो ख़बर तक नहीं होगी। क्योंकि वो अब इंडिया में नहीं है, अमेरिका में रहता है।

**बिम्ब :** कब गया?

**मंजुला :** पिछले साल। अब लॉस एंजेलिस में रहता है। वहीं सेटल हो गया है। सॉफ़्टवेयर गीक मच इन डिमांड...पेड इन डॉलर्स।

**बिम्ब :** उसने उपन्यास पढ़ा या नहीं?

**मंजुला :** अमेरिका में उपन्यास का प्रकाशन बड़े धूमधाम से हुआ। यू सी ऑफ्टर ऑल इट हैड प्रूव्ड अ बिग सक्सेस इन यूरोप। ज़ाहिर है, मुझे वहाँ इन्वाइट किया गया था। तो मैं न्यूयॉर्क में थी। वहाँ इमेल भेज के मुझे बधाइयाँ दीं। "मैं नहीं आ पाऊँगा, सॉरी, छुट्टी नहीं मिलेगी। ऑल द बेस्ट। योर बिग डे। टेक केयर।"

**बिम्ब :** लॉस एंजेलिस तुम नहीं गईं?

**मंजुला :** उसने बात ही नहीं छेड़ी।

**बिम्ब :** धीरे-धीरे! मुझे कौन सी घटना पहले हुई कौन सी बाद में...समझ में नहीं आ रहा। ज़रा समझा के बताओ न, आराम से। प्रमोद जब अमेरिका के लिए रवाना हुआ। तब मालिनी ज़िन्दा थी या नहीं?

**मंजुला :** नहीं। वो गुज़र चुकी थी। येस शी वाज़ गॉन बाय देन।

**बिम्ब :** उसकी मौत के कितने दिनों बाद गया वो?

**मंजुला :** पाँच या छह हफ़्ते। कुछ महीनों बाद...रुको...समझा के बताती हूँ। जब प्रमोद को अमेरिकन सॉफ़्टवेयर कम्पनी से ऑफर आया उस वक़्त मालिनी ज़िन्दा थी। वो ख़बर सुनकर मालिनी ऊपर-ऊपर से मुस्कुरा तो रही थी पर अन्दर ही अन्दर तिलमिला रही थी। वो ज़्यादा दिन ज़िन्दा नहीं रहेगी, यह हम सबको पता था। मालिनी की हालत की वजह से प्रमोद अपने पैर घसीटने लगा। वो चल बसी। मैंने उपन्यास लिखा। ब्रिटिश लिटरेरी एजेंट को भेज दिया। जवाब इतनी जल्दी आया...मैं तो दंग रह गई। एकदम धड़ से जवाब आ गया। प्रकाशक ने मंज़ूरी दे दी थी। बड़ा एडवांस भेजा और हमारा वैवाहिक जीवन बिखर गया।

**बिम्ब :** क्यों?

**मंजुला :** अब सोचती हूँ, इसमें हैरानी की क्या बात है। तब तक मैं उसकी पत्नी बनी रही। उसी के सहारे जी भी रही थी। अचानक परिस्थिति उलटी-सीधी हो गई। मुझे स्वतंत्रता मिली। अब मैं अपने पैरों पर खड़ी थी। उसके साथ-साथ कीर्ति, इज़्ज़त और पैसा। प्रमोद का दिल फीका हो गया। और सहा नहीं गया...*(विराम)* उसका बर्ताव ही बदल गया। मैं तो सम्मान-सभा, सार्वजनिक सत्कार, चर्चा, भाषण—इनमें ही डूबी हुई थी। ऐसे में वो कभी नहीं आता। वो ठीक भी है। पर एक दिन लूसी ने फ़ोन किया था। लूसी? याद है न? मुझे पता था कि उसकी शादी नहीं हुई थी। वो ज़्यादातर अकेली रहती थी—यह सब उसे पता था। पर हमारा एक-दूसरे के साथ बोलना-

चालना, उठना-बैठना कब का ख़त्म हो चुका था। उसने फ़ोन किया और बताया, मैं जब इन सार्वजनिक सभाओं में जाती हूँ, प्रमोद उसे फ़ोन करता है, किसी अच्छे से रेस्टोरेंट को भी ले जाता है, नाटक नहीं, सिनेमा नहीं, सिर्फ़ रेस्टोरेंट को ले जाता है। उसने कहा, नाटक जाएँगे, सिनेमा जाएँगे कहूँ तो कहता है ना! रेस्टोरेंट जाकर गप्पें लड़ाएँगे। लेट अस टॉक।

**बिम्ब :** उन दोनों के बीच कोई चक्कर चल रहा था क्या?

**मंजुला :** छी-छी! प्रमोद ऐसा कुछ कर ही नहीं सकता। उन दोनों के बीच ऐसा कोई चक्कर होता तो मैं ही चैन की साँस लेती। घर में टेंशन कुछ कम हो जाता शायद। पर प्रमोद कोई लँगोट उतारकर उसका झंडा बनाकर घुमा फिरनेवालों में से नहीं था। ही वाज़ मोर अ क्रीचर ऑफ़ हैबिट।

**बिम्ब :** तो फिर वो उससे मिलता क्यों था? तुम्हारी शिकायत करने?

**मंजुला :** मेरा नाम तक नहीं लेता था।

**बिम्ब :** तो फिर?

**मंजुला :** सिर्फ़ जोक्स सुनाता था।

**बिम्ब :** क्या?

**मंजुला :** हँ—जोक्स! वैसे और विषयों पर भी बात तो करता था पर मुद्दा कोई भी हो, आख़िर में हमेशा एक जोक। पहले से सोच के रखा हुआ, घिस के, पॉलिश किया हुआ एक जोक!

**बिम्ब :** अश्लील वाला जोक?

**मंजुला :** छी, छी, छी! कहा न, वो वैसा बिलकुल नहीं था। सॉफ़्टवेयर इंडस्ट्री के बारे में जोक्स—सागबर जोक्स। पर बोरिंग जोक्स नहीं, हँ। बिल गेट्स, विपरो, इन्फ़ोसिस

के बारे में जोक्स। कह रही थी हँस-हँस के उसके पेट में दर्द शुरू हो जाता था। पर इतने सारे जोक्स आख़िर क्यों सुना रहा है! इस बात से परेशान होकर फ़ोन किया था लूसी ने। यह पूछने के लिए वो मुझे भी घर में जोक्स सुनाता है या नहीं। मैंने ना कहा। नई-नई शादी हुई थी तब सुनाया होगा शायद। आजकल नहीं सुनाता, कहा मैंने। तो फ़ौरन लूसी बोली, 'देखो, अगर ऐसा है तो मेहरबानी करके उसे यह मत बताना कि मैंने तुमसे पूछा। मैं वो जोक्स एन्जॉय करती हूँ। तुम्हें ऐतराज़ न हो तो, मुझे तो बिलकुल नहीं है।' और फ़ोन नीचे रख दिया। उसके बाद फिर कभी फ़ोन ही नहीं आया। *(विराम)* घर पर तो अजीब-सा बर्ताव रहा प्रमोद का। एक दिन अचानक प्रमोद ने कहा, 'क्यों न हम उस नर्स को वापस बुला लें?'

**बिम्ब :** कौन सी नर्स?

**मंजुला :** वही, जो मालिनी की देखभाल करती थी। 'वो पहले की तरह दिन में एक बार आके जा सकती है न,' उसने कहा। मैंने कहा, 'नर्स की क्या ज़रूरत? मालिनी तो नहीं है। हम दोनों हट्टे-कट्टे हैं, हमें क्या हुआ है? नर्स की क्या ज़रूरत है?' जवाब दिए बग़ैर अपने पैर के अँगूठे को ताकता रहा। चला गया।

**बिम्ब :** मतलब मालिनी के बग़ैर अकेला पड़ गया था। तुम्हारा संसार तितर-बितर होने की वजह तुम्हारी कामयाबी नहीं, वो थी—मालिनी।

**मंजुला :** हाँ, वो भी है। मेरी पीठ पीछे उसने मेरे घर-संसार पर जिस तरह धावा बोला था, वो मासूम था यह मैं नहीं कह सकती।

**बिम्ब** : उसमें पूरा दोष उसका नहीं, तुम्हारा भी है। तुम सारा दिन कॉलेज में रहती थीं। घर से दूर।

**मंजुला** : मैं काम कर रही थी वहाँ। गुलछर्रे उड़ाने नहीं जा रही थी।

**बिम्ब** : घर में काम करनेवाली आती थी, काम ख़त्म करके जाती थी। खाना पकानेवाली आती थी, खाना पकाकर जाती थी। नर्स भी वैसे ही आती थी और जाती थी। इसके अलावा घर में सारा दिन वे दोनों, अकेले। तुम सचमुच बेफ़िक्र थीं क्या? तुम ही ने तो कहा कि वो तुमसे सुन्दर थी।

**मंजुला** : ऐसा बदन जिसे छूना सूरज की किरणों को भी नसीब नहीं हुआ था। चकाचक चमकनेवाली त्वचा।

अक्सर उस परिस्थिति में मरीज़ मोटे हो जाते हैं, व्हील चेयर के बन्धन से उकता के तंग आकर चटर-पटर खाने लगते हैं, डायबिटीज़ हो जाता है, पर मालिनी सुस्त लोगों में से नहीं थी। उकताना तो वो जानती ही नहीं थी। हमेशा चुलबुली। जो अंग चल रहे थे उनमें कमाल की चेतना थी। स्वर में अपूर्व कामुकता...अप्सरा थी मेरी बहन।

**बिम्ब** : जैसे संगेमरमर में गढ़ा बदन। स्तन छोटे पर मज़बूत। उसका बदन पोंछते हुए, उसे नहलाते समय, उसके कपड़े बदलते हुए तुमने ज़रूर अपने बदन की तुलना उसके बदन से की ही होगी, नहीं?

**मंजुला** : नहीं, ऐसे में वो हमेशा मुझसे मुँह फेर लेती थी।

**बिम्ब** : तुम्हारी नज़र के अंगारे उससे सहे न जाते होंगे। शायद!

**मंजुला** : तुम्हारा मतलब मुझे जलन हो रही थी? ऊँ हूँ! कमर के नीचे तो वो बेजान थी—पैरालाइज़्ड। दैहिक सम्बन्ध तो सम्भव ही नहीं था।

**बिम्ब :** अब दैहिक सम्बन्ध क्या है? इसका तो हर कोई अपना-अपना हिसाब लगा सकता है, है न?

**मंजुला :** (अचानक) हाँ ठीक है, मानती हूँ। मुझे तकलीफ़ होती थी, सिर गरम हो जाता था। उसी गरमी का नतीजा है यह उपन्यास, ये मोती—ये पर्ल!

उन दोनों के बीच क्या चल रहा था? सिर्फ़ बातें? पर कैसी बातें? *(विराम)* मैंने अलग-अलग प्रयोग किए। सामने का दरवाज़ा खोलते वक़्त चाबी घुमाने की आवाज़ होते ही बस, मेरे दहलीज़ के अन्दर क़दम रखने तक प्रमोद मेज़ से चिपका हुआ मिलता। एकाग्रचित्त से काम में खोया हुआ। और मालिनी अपने लैपटॉप में, अपनी किताबों में डूबी हुई। लेकिन कितनी ही मग्न क्यों न हो, मुझे देखते ही मेरे स्वागत के लिए चेहरे पर कोमल-सी मुस्कान लाए बग़ैर न रहती और कभी अगर बग़ैर आहट के मैं अन्दर पहुँच भी जाती तो जो चर्चा बड़े जोश से चल रही होती, मुझे देखते ही अचानक बन्द हो जाती थी। कमरे में सन्नाटा छा जाता, सिर्फ़ एक पल के लिए ही सही। अगले ही पल में मालिनी बड़ी सहजता से बात को आगे बढ़ा के मुझे भी उसमें पिरो लेती। हमेशा वही। हमारे साहब ने ऐसी होशियारी कभी सीखी ही नहीं थी।

**बिम्ब :** अरे! पर काहे की बातें? एक-दो नहीं, छह साल! क्या इतने बरस इनके बीच की बात सिर्फ़ दिल्लगी तक रही?

**मंजुला :** हाँ! एक दिन बग़ैर किसी आवाज़ के मैंने दरवाज़ा खोला। अन्दर झगड़ा चल रहा था। जैसा मियाँ-बीवी में झगड़ा चलता है, वैसा। लेकिन बात नीतिशास्त्र की

थी। प्रमोद का प्वॉइंट था, किसी भी समाज में कोई भी व्यापक सिद्धान्त मात्र एक हो, जो हर इनसान को बाँध सके। एक ऐसा आदेश जो सब पर लागू हो। बिना अपवाद।

इस पर उसकी प्रतिक्रिया बहुत तीखी थी। मानव जीवन की भिन्न परिस्थितियों में ज़रूरतें भी भिन्न हो सकती हैं। फिर सब पर एक ही नैतिकता कैसे लागू होगी? उसने कहा, 'कोई भी नैतिक माँग इसलिए नैतिक होती है कि इसमें आन्तरिक संघर्ष भी होता है। मालिनी के अनुसार, कोई भी व्यापक नैतिकता अमानवीय है। दोनों चिल्ला रहे थे।

प्रमोद का कहना था, हिन्दू धर्म में कोई ठोस नीतिशास्त्र है ही नहीं। मालिनी का हठ था कि फ़िलॉसफ़र इमानुएल कांट एक फ़ासिस्ट है—तानाशाह। मुझे यह सब बौद्धिक वितंडा लगा। मैं अन्दर गई। मुझे देखते ही, दोनों एक अपराध भाव से चुप हो गए। मानो मैंने उन्हें सम्भोग करते पकड़ लिया हो। ख़ामोशी छा गई। फिर बात दोहराते हुए मालिनी ने फिर आरम्भ किया और मुझसे पूछा, 'तुम्हारी राय क्या है?'

स्पष्ट है कि मैं यह प्रयोग बार-बार नहीं कर पाती। उन्हें मेरे आने-जाने का टाइम-टेबल मालूम था। कई बार मुझे लगता था यह मेरा घर नहीं, वेटिंग रूम है।

**बिम्ब :** मालिनी तुम्हारे घर आई। इसका तुम्हारे बिस्तर पर कोई असर पड़ा?

**मंजुला :** क्यों पड़ता? प्रमोद कमर के नीचे पैरालाइज़ नहीं हुआ था। *(अचानक)* अब तक कॉमर्शियल ब्रेक हो जाना चाहिए था न? कब तक यहीं ठूँसकर रखेंगे ये लोग?

**बिम्ब :** तुम अपने बिस्तर के बारे में बता रही थी।

**मंजुला :** कई बार मुझे लगा है, मुझसे प्यार करते वक़्त वो मेरी जगह उसी की कल्पना कर रहा हो जैसे।

**बिम्ब :** और मालिनी बग़ल के कमरे में दीवारों से कान लगाए हुए हो। तुम्हारी बहन तुम दोनों के बारे में सोचते हुए तड़पती रही होगी।

**मंजुला :** हम तीनों ही तड़पते हुए जी रहे थे। मानना पड़ेगा। वो जलन, वो आग, वो खलबली, नाउम्मीदी—वही मेरे उपन्यास की जान है। आलोचकों को वही जँचा।

**बिम्ब :** तो शायद यह कह सकते हैं कि इस परिस्थिति में तुम्हें अपनी यातना का वस्तु प्रतिरूप मिल गया। जिसे टी.एस. इलियट ऑब्जेक्टिव कोरिलेटिव कहते हैं। वो ढूँढ़ निकाला और आलोचक ख़ुश हो गए।

**मंजुला :** हाँ, ख़ुश क्यों न होते? उपन्यास की इतनी बिक्री जो हो गई। पैसे तो बने न?

**बिम्ब :** क्या मालिनी को पता था कि तुम यह उपन्यास लिख रही हो?

**मंजुला :** कैसे पता होता? वो जब तक ज़िन्दा थी उसके बारे में सोचा तक नहीं था। फ़ुरसत कहाँ थी? मैं कॉलेज में अंग्रेज़ी की लेक्चरर—इंग्लिश लिट.। राइट द हिस्टरी ऑफ़ इंग्लिश लिटरेचर इन फ़ाइव हंड्रेड वर्ड्स। घर में मालिनी की ज़िम्मेदारी मुझ पर और उसके ऊपर घर में पतिदेव। अ परफ़ेक्ट इंडियन हस्बैंड, कैरिंग बट यूज़लेस। लिखने के लिए ज़रूरी सुकून कहाँ था? पोएट्री एज़ यू नो इज़ इमोशन रीकलेक्टेड इन ट्रैंक्विलिटी।

**बिम्ब :** पर एक बार जब वो ट्रैंक्विलिटी हाथ लग गई तो बड़ी तेज़ी से लिखा होगा।

**मंजुला :** मैंने कहा न, मुझे इस बात का होश ही नहीं था कि मैं लिख रही हूँ। कहानी ख़ुद-ब-ख़ुद फूट निकली। उभरती चली गई।

**बिम्ब :** मानना पड़ेगा। वो चल बसी। उसकी आख़िरी साँस के दो ही हफ़्तों के अन्दर तुमने उपन्यास लिखकर, उसे ठीक-ठाक कर-कराकर, टाइप करके, ब्रिटिश साहित्यिक एजेंट को पोस्ट भी कर दिया था! दो हफ़्तों में तीन सौ पचास पन्नों पर छपने जितनी लिखाई—कोई साधारण काम नहीं।

**मंजुला :** बिलकुल नहीं। मेरी उँगलियाँ घिस गईं।

**बिम्ब :** गिनीज बुक ऑफ़ वर्ल्ड रेकॉर्ड्स के लायक है। तुम तो जानती होगी गिनीज बुक के प्रकाशक का कहना है—इंडिया से गिनीज बुक के लिए जितनी अर्ज़ियाँ आती हैं दूसरे किसी देश से नहीं आतीं। वी आर द वर्ल्ड रेकॉर्ड होल्डर्स इन वर्ल्ड रेकॉर्ड होल्डिंग।

**मंजुला :** ए! क्या बके जा रही है! तब से आड़े हाथ ले रही है, चुड़ैल कहीं की। बन्द कर अपनी ये बक-बक।

**बिम्ब :** कुछ भी हो। कैसा अद्भुत रेकॉर्ड है यह! दो ही हफ़्तों में डेढ़ लाख शब्दों की लिखाई! एक दिन में दस हज़ार शब्दों की रचना! ये स्फूर्ति नहीं, उन्माद है! पागलपन। शब्दों का प्रहर नहीं प्रलय है।

**मंजुला :** *(आपे से बाहर होते हुए)* चुप कर! मानती हूँ, मैंने वो उपन्यास नहीं लिखा। मेरी छोटी बहन मालिनी ने लिखा है। उसमें हर शब्द, हर लफ़्ज़ उसी का है।

**बिम्ब :** ओह!

**मंजुला :** कुछ महीनों पहले उसकी तबीयत अचानक बिगड़ने लगी। वह निरन्तर लैपटॉप कूटने लगी। यह पता था कि कुछ

लिख रही है। पर तब तो ऐसा था—मैं भली मेरा काम भला। उसके गुज़रने के बाद उसकी पेटी में वो हस्तलेख मिला। निकाला, पढ़ा। *(विराम)* वहीं ढेर हो गई।

**बिम्ब :** आँखों में काँटे चुभ जाएँ ऐसी प्रतिभा। तुम्हारे लिए ऐसी साहित्यिक कृति लिखने का सपना भी असम्भव होता। वो लालित्य, वो सूक्ष्म मानसिक विश्लेषण, भावनाओं का संघर्ष और उसी के साथ इतना संयम। अ वर्क ऑफ़ जीनियस।

**मंजुला :** मैं ब्रिटिश काउंसिल गई। वहाँ साहित्यिक एजेंट्स की लिस्ट ढूँढ़ निकाली। उनमें से एक को हस्तलेख भेजा। यह अपेक्षा नहीं थी कि उनका जवाब आएगा पर फ़ौरन ही आ गया। बस।

**बिम्ब :** क्यों? क्या हुआ?

**मंजुला :** मैंने प्रमोद को लाख समझाने की कोशिश की पर उसने तो कानों में तेल डाल लिया था। मैं अपराधी हूँ—यह फ़ैसला उसने कर लिया था।

**बिम्ब :** पर तुमने जब वो कहानी चुराई ही थी...

**मंजुला :** मैंने चोरी नहीं की!

**बिम्ब :** पर तुम्हीं ने तो कहा...

**मंजुला :** मालिनी के उपन्यास के हस्तलेख पे उसने अपना नाम एम. नायक लिखा था। मैंने अपनी चिट्ठी के अन्त में मंजुला नायक के नाम से हस्ताक्षर किया था। हम दोनों एक ही हैं, ऐसा समझा होगा शायद उस एजेंट ने। उसी का जवाब प्रमोद के कम्प्यूटर पर आया। मैं कन्नड़ लेखिका—मुझे क्यों कम्प्यूटर-गिम्प्यूटर! प्रमोद ने उसी जवाब का प्रिंटआउट मेरे लिए निकाल के रखा। मैं जब वो ई-मेल पढ़ रही थी, प्रमोद मेरे पीछे ही खड़ा था। वो

मुझे ताक रहा है यह मुझे पता था। मेरी प्रतिक्रिया का इन्तज़ार कर रहा था। मुझे सीधे आँख मिलाकर पूछना चाहिए था—मैंने कृति चुराई ऐसा अपवाद उठा रहे हो क्या? अपनी प्यारी बहन का लिखा हुआ उपन्यास मैं चुराऊँगी, इतना नीच समझ रखा है तुमने मुझे?

मैं जानती थी वो कहेगा, मैंने ऐसा कुछ कहा ही नहीं। तब उसे झँझोड़कर रख देना चाह रही थी। मैं पूछना चाहती थी...एक अंग्रेज़ की ग़लती को मेरे सिर पे क्यों थोप रहे हो? बताओ! अब ज़बान क्यों नहीं चल रही?

पर मेरे मुँह से कुछ अलग ही शब्द निकल गए। उस ई-मेल को रसोईघर में किचन टेबल पर क्यों रखा, पूछा मैंने। उसे क्या जबाव दें, सूझ नहीं रहा था। भौचक्का-सा खड़ा देखता रह गया।

कहने कुछ निकली और कहाँ से कहाँ पहुँच गई! अब पीछे हटना हो ही नहीं सकता था। 'मेरी अपनी स्टडी है, मेरा अपना वर्किंग टेबल है, पता नहीं है क्या?' कहकर चिल्लाई। क्या कहें, क्या न कहें, उसे सूझ ही नहीं रहा था। उसने कहा, 'आय एम सॉरी।' ई-मेल उठाकर मेरी टेबल पर ठोक दिया। 'हो गया?' कह के निकल गया। बस। तब से हम दोनों के बीच बातचीत बन्द हो गई। घर में मानो श्मशानी मौन छा गया।

हम दोनों के बीच हुई आख़िरी असली कम्यूनिकेशन कौन सी थी, पता है? जब प्रमोद ने मुझे 'उस नर्स को वापस क्यों न लें,' ये पूछा। मैंने कोई ऊटपटाँग-सा जवाब दिया था। उस क्षण, सिर्फ़ उस एक क्षण में मालिनी की दुर्गन्ध, उसका मल-मूत्र, कफ़, पसीने की झझक, उसका

बलगम, दवाइयाँ, परफ़्यूम्स की महक सब फिर से उभरे और सारे घर में भर गए। मालिनी के गुज़र जाने के कई हफ़्तों बाद की बात है यह। वही था हमारे बीच का आख़िरी प्राइवेट पल। उतने में वो भारी एडवांस रॉल्यटी की ख़बर पत्रकारों को मिल गई। उसके बाद तो पूछो मत!

काम...हाथ से छूट गया था। *(लम्बा विराम)*

**बिम्ब :** *(शान्त स्वर में)* बातें मत बनाओ। उल्लू समझ रखा है मुझे? वो एम. नायक ऐसा हस्ताक्षर क्या करती है! वो एजेंट तुम दोनों को एक ही समझ बैठता है! मेलोड्रामा। तुम्हारी कन्नड़ कहानी की तरह है य सब।

**मंजुला :** मालिनी के गुज़र जाने के बाद मैंने उसकी पेटी निकाली। बैंक के बिलों के अलावा उसमें और कुछ भी नहीं था। बाक़ी के सारे काग़ज़ात छू-मन्तर हो गए थे। ख़ुद-ब-ख़ुद जाते कहाँ वो?

मैं भागी, प्रमोद के ऑफ़िस पहुँची, उसका ड्रॉअर खोलकर देखा—वहीं थे। सिर्फ़ सी.डी. या फ़्लॉपी नहीं, उपन्यास के हर पन्ने का प्रिंट आउट व्यवस्थित रूप से तह करके रखा था मालिनी ने। प्रमोद ने छिपाकर रखे थे या सुरक्षित छिपाकर रखने की कोशिश की थी। लेकिन ऐसी चालाकी उसके बस की तो थी ही नहीं। वह उपन्यास उसके ड्रॉअर में से ग़ायब भी हो गया—इसका पता हमारे साहब को तब लगा जब एजेंट की तरफ़ से ई-मेल आया।

मैंने पेपर्स वहाँ से उठाए और उपन्यास पढ़ लिया।

**बिम्ब :** और पढ़कर ढेर हो गई। आँखों में काँटे चुभ जाएँ, ऐसी प्रतिभा दिखलानेवाली कृति। अ वर्क ऑफ़ जीनियस वग़ैरह-वग़ैरह।

**मंजुला :** उन पन्नों में ज़हर नहीं, हलाहल उबल रहा था। उसमें जो भाभी का किरदार था वो मैं ही थी, इसमें कोई शक नहीं था। मैं ऐबी, तुच्छ ख़यालोंवाली, कुत्सित दिमाग की, ऐंठ दिखानेवाली, जिसे मालूम ही नहीं प्रतिभा क्या चीज़ होती है—

एक कपटी औरत थी। ईर्ष्यालु, चुड़ैल, कुटिल कहीं की! बहन को सिर्फ़ उसके पैसे की वजह से घर में रखनेवाली। स्वार्थी। मेरा किरदार तो इस तरह ज़िन्दा था कि आँखें चौंधिया जाएँ। पर लेखन में कहीं भी विशेषण नहीं, बुरे बोल नहीं। अप्रामाणिकता नहीं। अतिशयोक्ति नहीं। हर घटना में जो हुआ, जैसे हुआ वैसे ही लिखा था। जो भी बातचीत हुई थी...हर बात को जैसे कहा गया था, वैसे ही दोहराया था—शब्दशः। मैं किसी चीज़ से इनकार कर सकूँ, ऐसा कुछ था ही नहीं। न नहीं कर सकी।

**बिम्ब :** इसी वजह से प्रमोद ने उस स्क्रिप्ट को तुम्हारी नज़रों से बचाए रखा शायद!

**मंजुला :** या फिर उन हिस्सों को उन दोनों ने साथ मिलकर लिखा हो शायद—किसे पता? कुछ अंश का सुझाव प्रमोद ने दिया हो। विवरणों को धार दी हो। दोनों साथ-साथ मिलकर पढ़कर ख़ूब हँसे होंगे, नहीं? प्रमोद क्या सचमुच मैंने जितना समझा था, उतना सीधा-सादा, भोला-भाला इनसान था? या फिर मुझसे छिपे, अपनी शख़्सियत के हल्के पहलुओं को सिर्फ़ मालिनी को दिखलाया था? वो तो यही जानती थी कि यह सब कभी छपनेवाला नहीं है। कभी बाहर नहीं पहुँचेगा। तो उसने यह सब लिखा क्यों? किसके लिए? मेरे लिए? या अपने और प्रमोद

के मनोरंजन के लिए? वो मुझसे नफ़रत करती थी। वो दोनों मुझसे नफ़रत करते थे। शायद उसी ने प्रमोद को मेरे ख़िलाफ़ किया होगा। और तभी मुझे बिजली की तरह यह बात कौंध गई। मैं जान गई, पहचान गई कि मैं भी उस अपाहिज से नफ़रत करती थी। हमेशा नफ़रत करती थी। मेरी जनम की बैरन थी। मैं भी उसके मरने की प्रतीक्षा कर रही थी।

**बिम्ब :** और फिर उसने यह पहले से ही पहचान लिया था।

**मंजुला :** नहीं! वही तो!...इसी वजह से मुझमें जलन थी। मुझे ख़बर भी न हो, इस तरह वो मेरे अन्दर झाँककर मेरे दिल की दरारों से वाक़िफ़ हो गई थी। एक शिकारी की एकाग्रता से मुझे परख रही थी। चौंका देनेवाले विवरों में मुझे जकड़ लिया था। इस बार भी जीत उसी की हुई।

*[ख़ामोशी]*

मरकर भी चिता के उस पार से मेरी बहन मुझे चुनौती दे रही थी। 'इस सुन्दर कृति को फाड़ दो—जला दो,' कह रही थी। यदि मैं ऐसा करती तो अपनी नज़रों से गिर जाती, तुच्छ हो जाती।

**बिम्ब :** और छपा देती तो वो भाभी कौन थी, यह सब जान जाते। दुनिया हँसती तुम पर! उससे भी बदतर हाल तो यह होता कि तुम एक अनोखी प्रतिभाशाली लेखिका की ज़िन्दगी में एक पाद-टिप्पणी बन के, फुटनोट बन के अमर हो जातीं। *(विराम)* कुल मिलाकर तुम्हारी बहन ने तुम्हें फाँस दिया था।

**मंजुला :** मुझे तो जीतना ही था। पर इसके बारे में वो सोच भी न पाए, उसके ज़हन में यह बात तक न आए ऐसा कोई

उपाय करना ज़रूरी था। कोई तरकीब—एक पन्थ दो काज वाली तरकीब, जिससे एक ही झटके में सारी समस्याएँ हल हो जाएँ वरना मेरा जीना मुश्किल हो जाता। *(विराम)*

लेकिन इस बार आख़िरी दाँव मेरा था। एक बात मेरे लिए अनुकूल थी। वो मर चुकी थी—मैं ज़िन्दा थी, *(विराम। फिर मुस्कुराती हुई)* मैंने वह उपन्यास अपने नाम से छपवाया। अन्तिम जीत मेरी। *(बिम्ब ताली बजाती है। मंजुला प्रशंसा स्वीकार करती है।)* चलें?

**बिम्ब :** *(ताली बजाना रोककर)* फिर भी कौन जाने अन्त में जीत मालिनी की ही हुई हो!

**मंजुला :** कैसे?

**बिम्ब :** अगर उसका मक़सद यह था कि तुम्हें दिखला दे कि तुम कितनी नीच, कितनी गई-गुज़री हो तो वो उसमें पूरी तरह सफल हुई।

**मंजुला :** रुको-रुको, अभी दिखाती हूँ तुम्हें। *(झट से स्क्रीन के पीछे जाती है।)*

**बिम्ब :** ए! ए! क्या कर रही हो?

**मंजुला :** ख़त्म कर दूँगी तुझे। डिस्कनेक्ट करके मिटा ही दूँगी। रुक, दिखाती हूँ तुझे।

**बिम्ब :** मैं अंग्रेज़ी लेखिका मालिनी नायक। मेरी बड़ी बहन एक कन्नड़ कहानी लेखिका मंजुला नायक। मेरा उपन्यास पढ़ते ही ढेर हो गई और मुझ में 'मौर्फ़' हो गई। हम दोनों के बीच का रक्त, काया, स्याही, भाषा के भेद मिटकर शी वॉज़ मौर्फ़्ड इनटु मी। अर्थात् मुझे मंजुला नायक बनकर ही जीना होगा। ऑफ़्टर ऑल माय पासपोर्ट, बैंक अकाउंट्स, प्रोपर्टीज़ एंड फाइनेंशियल पेपर्स आर

ऑल इन दैट नेम। इसके अलावा सेवन अमेरिकन यूनिवर्सिटीज़ हैव इन्नवाइटेड मी एज़ ए विज़िटिंग प्रोफ़ेसर। पर सच कहूँ तो मैं मंजुला नायक, मेरी प्रतिभाशाली छोटी बहन, मेरे पति की प्रेयसी, वो जो भाषा में निपुण थी, कन्नड़ जाननेवाली, लेकिन अंग्रेज़ी में बेस्ट सेलर लिखा...

# पुष्प

पश्चिमी आकाश में वृश्चिक राशि उगी है—अपनी लम्बी काया को पसारती हुई। उसकी पूँछ की वक्रता का अधोबिन्दु इस क्षण क्षितिज छोड़ ऊपर तिरने को ही है—स्वर्ग सिधारेगा जैसे अभी-अभी!

अगले चन्द मिनटों इस वृश्चिक की प्रतिच्छाया मन्दिर के कल्याणी सरोवर के जल में गहराने लगेगी। सरोवर के आग्नेय कोण वाले बिन्दु से। वहीं—जल में जो पाँचवीं सीढ़ी डूबी है—उसमें एक खोखल है—रन्ध्र। मैं जानता हूँ, इसी मास की इसी तिथि और इस घटिका में बिच्छू का बिम्ब भी उभरेगा—उसी छिद्र में से तैरता हुआ निकलेगा वह।

जहाँ मैं बैठा हूँ, यहीं से मैं सबसे ऊपर की सीढ़ी से बैठे-बैठे पीछे देखे बिना ही बता सकता हूँ कि कौन-सा तारा इस क्षण मन्दिर के शिखर को छू रहा है। क्योंकि

तारामंडल की गति साल भर में चक्राकार होती है। मैं निश्चयपूर्वक जानता हूँ कि कौन सा तारा मेरे गगन के किस कोने में विराम करता है। मात्र गगन ही नहीं, इस मन्दिर के आवर्त के हर उभार और गड्ढे से परिचित हूँ, क्योंकि मैंने वह खोदा है और उसमें उतरा हूँ—उसको भरा भी है। पूर्वाभास होता है मुझे—किस ऋतु में कौन सा पाखी कहाँ किस पेड़ की डाल पर दिखेगा—मैं जानता हूँ।

इस देवालय का पुजारी मैं ही हूँ। यह मन्दिर, यह कल्याणी सरोवर, यह दीर्घ चट्टानों का चतुर्दिक् घेरा...

ये पेड़-पौधे और उनके थड़े और कीट-पतंगे...इन्हीं से रचा था मेरा निजी संसार। इस परकोटे से बाहर चरण धरने का मन भी नहीं हुआ कभी मेरा। कभी आवश्यकता भी नहीं हुई। बाहरी दुनिया से कभी किसी ने दोस्ती का हाथ बढ़ाया भी मेरी ओर, तो मैं टाल गया। सारे चेतन क्षण बल्कि जीवन के जाग्रत् क्षण शिवलिंग के सान्निध्य में ही व्यतीत करना चाहता हूँ—बस। मैं शिवलिंग से बतियाता हूँ। गाता हूँ उसके आनन्द के लिए। अपना पारिवारिक सुख-दुख भी उन्हीं से बाँटता हूँ।

आजकल की राजनीतिक घटनाओं की भी चर्चा और विमर्श होता है उन्हीं से। सबसे बड़ी बात यह कि शिवलिंग का सुमन-श्रृंगार करते समय मैं समय की सुध भूल ही जाता हूँ।

ऐसे लोग भी हैं जो पूछ बैठते हैं—भई, शिव ठहरे योगी-संन्यासी—उन्हें भला पुष्पालंकार की क्या पड़ गई ! मैं टाल जाता हूँ। उन्हें कान ही नहीं देता मैं।

किन्तु श्रृंगार करना, सजाना सरल नहीं होता। लिंगम् कोई प्राचीन मूर्तिकार कृष्णाचार्य की कला प्रतिमा जैसी

सुन्दर स्वरूप कला नहीं, जैसी इस क्षेत्र के और मन्दिरों में पाई जाती है। किसी अनजाने स्थानीय मूर्तिकार ने एक सुदीर्घ, लम्बी शिश्नवट चट्टान में छिपे स्वयंभू से लिंगम् के रूप की कल्पना की और अपनी छेनी से उस चट्टान से काट-छाँटकर पूरा कर दिया।

एक खुरदरी स्थूल योनि पीठ भी उकेर दी।

मूल में जो खुरदरी शिला थी, सदियों की पूजा और अभिषेक से चिकनी हो गई। फिर भी कहीं-कहीं खुरदरापन शेष है। उसे पुष्पों से पूरा ढँकने में प्रहर बीत जाते हैं। मेरी पत्नी गुर्राती है—ये शिवलिंग ही मेरी सौतन बन बैठे।

वैसे यह भी उतना ही सच है कि मेरी पत्नी गर्व से सिर झटकती है—मेरी कला पर या कहें मेरे पागलपन पर—जिसने बाहरी संसार में मेरा यश-विस्तार भी किया था।

हमारी गढ़ी के मुखिया युवा हैं—वह मात्र देव भक्त नहीं, रसिक भी हैं और मेरी कला पर मुग्ध हैं।

हर दिन सूर्यास्त के समय परकोटे पर तोप चलाकर यह घोषित किया जाता है कि सरकार मन्दिर के लिए अपने घर से रवाना हो चुके हैं। बस तब से लेकर मुझे पूजा की तैयारी करने को एक पूरा घंटा मिल जाता है। मेरी पत्नी पूजा में लगनेवाली मुख्य सामग्री का ध्यान रखती है, जैसे— अगरबत्ती, कर्पूर, आरती के लिए चाँदी के थाल में रखी जानेवाली बातियाँ आदि।

मैं जलकुंड में डुबकी लगा लेता हूँ फिर गीली धोती में, पुष्पों की टोकरियों के बीच मन्दिर के गर्भगृह में बैठ जाता हूँ। उसके बाद सब कुछ...एक धुँधली सी दूरी में पीछे छूटने लगता है। उस दूरी का अन्दाज़ थोड़ा बहुत

रहता तो है, पर पूरे एक घंटे के लिए यहाँ होते हैं केवल लिंगम् और मैं। और मोगरा, गुलदाउदी, गेंदा, चम्पा, सुगन्धरा, जवा के पुष्पों के द्वारा की जानेवाली एक बातचीत।

यह प्रक्रिया जारी रहती है और जब तक सरकार अपने दरबारियों के साथ पहुँचते हैं, मैं तैयार रहता हूँ। सुन्दरता के लिए बड़ी तेज़ नज़र रखते हैं हमारे छोटे सरकार।

अगर मैंने पुष्पों की रंगोली में कोई ख़ास नवनिर्माण किया हो तो वे प्रशंसा में, शाबाशी के तौर पर सिर हिलाते हैं। अपने परिचारकों की ओर मुड़ते हैं और परिचारक ठहरे आज्ञाकारी...तुरन्त ही सहमति के दस रटे हुए वाक्य उगल देते हैं।

हाँ, तो पूजा समाप्त। वे भगवान के प्रसाद के नाम पर केवल एक पुष्प स्वीकार करते हैं। उसे पलकों पर लगाकर, कान के पीछे खोंसकर...उनकी सवारी घर के लिए रवाना होती है। वैसे वे ज़्यादा बात करने के आदी नहीं हैं।

वे निकल जाते हैं। पथरीले रास्ते पर टापों की तबडक-तबडक धीमी होती जाती है। फिर मैं बड़ी सतर्कता से पुष्प लिंगम् से उठाकर अपने मलमल के गमछे की पोटली में बाँध चन्द्रावती के घर की ओर चल पड़ता हूँ। मेरे जीवन के दुर्ग में चन्द्रावती एकमात्र दुर्बल सुरंग है। वहाँ पहुँचने में मुझे आधा घंटा लगता है। चन्द्रावती एक गणिका है और मुझे उससे प्रेम है।

वह मेरी ज़िन्दगी में आई शिवरात्रि के एक सप्ताह के लिए मनाए जानेवाले उत्सव में। उस समय छोटे सरकार रात्रि जागरण करके पूजा के लिए सुबह आते हैं। और

उत्सव के इस सप्ताह में हर दिन उनके जाने के बाद हमेशा की तरह मन्दिर के दरवाज़े पर भक्तों की वही भीड़ लगी रहती है—लिंगम् को नारियल चढ़ाने के लिए। मैं स्वयं प्रत्येक नारियल चढ़ाता हूँ और आधा-आधा नारियल प्रसाद रूप लौटा देता हूँ, उस पर पुष्पों की एक-दो पँखुड़ी और चन्दन लगाकर। प्रसाद बाँटने के लिए मैंने कभी कोई सहायक नहीं रखा, जबकि मेरी पत्नी मेरा सिर खा जाती है कि किसी को रख लो, किसी को रख लो।

थका देनेवाला काम है यह, तो इसलिए दिन भी कुछ लम्बा लगता है। फिर भी मेरा हठ है कि हर नारियल मैं अपने ही हाथों चढ़ाऊँगा। लिंगम् के लिए करता हूँ—बहुत अच्छा लगता है मुझे। पर इस बात से अनजान नहीं हूँ कि लोग मेरी प्रशंसा में इसी बात को लेकर सिर हिलाते हैं कि कितनी श्रद्धा और दैहिक शक्ति से मैं लिंगम् की सेवा करता हूँ।

वेश्या क्षेत्र के निवासियों को सबसे बाद में प्रसाद मिलता है। यह पद्धति चली आई है। पुरातन पद्धति है, पर है तो सिर दर्द ही। क्योंकि प्रसाद पाने पर भी भक्त टलते नहीं। वेश्याओं द्वारा प्रसाद-ग्रहण देखने की लालसा में रुके ही रहते हैं। पुरुष ही नहीं, स्त्रियाँ भी। कुतूहल।

जब तक गणिका की बारी आती, मैं थक चुका होता और गर्भगृह का द्वार बन्द कर घर जाने को तरस जाता। मैं जान गया कि वह उनमें से है। उसका दिया नारियल लिया, चढ़ाया, उसमें प्रसाद रखा और उसे देने के लिए मुड़ा। वह झुकी, साड़ी का पल्लू उसने अपने सामने फैलाया। क्षण-भर को उसकी छाती का ऊपरी हिस्सा

अनावृत हुआ और जैसे ही मैंने प्रसाद उसके आँचल में डाला, मेरी नज़र पड़ी उस तिल पर। दाएँ स्तन पर सन्धि के किनारे गोदने जैसा एक तिल। मैंने अपनी नज़र उठाकर उसे देखा। मेरे हावभाव में कुछ अलग रहा होगा क्योंकि उसने भी नज़र उठाई और उसकी नज़र ने मेरी नज़र पकड़ ली। क्षण-भर को हमारी नज़रें जुड़ी रहीं और फिर वह मुड़ गई।

मुझे वो चाहिए थी। इससे पहले किसी भी स्त्री के लिए मुझमें ऐसी कामना नहीं उभरी थी और इसलिए एक औचक दुर्बलता में ऐसा लगा जैसे मेरा पुरुषत्व छिन गया था। पर अपनी जाँघ में दौड़ती बिजली पर मैं काबू न पा सका। उस दिन से, उत्सव सप्ताह के हर दिन का आरम्भ इसी बेचैनी से होता कि जाने कब मुझे उसकी एक झलक मिलेगी।

गणिकाओं पर लोगों का ध्यान रहता है और उनके चर्चे भी होते हैं। तो अधिक दिलचस्पी दिखाए बिना मैंने पता लगाया कि उसका नाम चन्द्रावती है। हाल ही में वह पास के नगर में रहने आई है।

लोगों का मानना था कि वह धनवान है। उसने कौन सा घर किराए पर लिया यह मैं जानता था। वहाँ के मकानों, सबसे बड़े मकानों में से एक था। मैं अपने आपसे यही कहता रहा कि वह गणिका है। और वह गणिका है तो वह मेरी पहुँच के बाहर नहीं। पर मैं ठहरा एक टुटपुँजिया पुरोहित। उसे देने को मेरे पास कुछ भी नहीं था।

जल्द ही मैंने उसे भीड़ में से ढूँढ़ निकालकर उसकी झलक के अंजलि भर घूँट पीना सीख लिया...जब भी वह दीखती मेरी अँतड़ियों में ऐंठन होती।

वह सामान्य काठी की थी। वह हमेशा एक बुढ़िया के संग आती। पता चला, उसी के साथ रहती भी थी। सदा हँसती रहती। उसके चमकते दाँत उसके साँवले रंग पर बहुत ही खिलते।

हर दिन झपकी भर को हमारी आँखें मिलतीं। पर कभी एक बार भी वह इतने समय तक नहीं रही कि मैं उसके चेहरे को ठीक से परख सकूँ। हर दिन जैसे वह प्रसाद ले रही होती, मेरा ध्यान उसके तिल पर टिका होता और ज्यों ही वह ऊपर देखती, मैं झट से उसके चेहरे के किसी नए, ताज़े पहलू को याद रखने में लग जाता।

वह तेज़-भरी आँखें वही झट से चुराती। वह सीधी नाक जिसका शेष भाग ऊपर की ओर उठा हुआ था, पुष्पों की पँखुड़ी जैसे होंठों से घिरी मादक मुस्कान। फिर रात को, मैं उन झलकियों के टुकड़ों से अठखेलियाँ करता पूरा चित्र बनाने के लिए उन्हें जोड़ता रहता।

न तो छठी सुबह वह आई, न ही सातवीं को। और मैं तड़प रहा था। अन्तिम दिन जब उत्सव समाप्त हुआ, तो बची थी केवल मन्दिर की भाँयँ-भाँयँ और मैं। मैं लिंगम् के सामने जाकर गिड़गिड़ाने लगा—मैं मूर्ख हूँ। मैं पागल हूँ। विक्षिप्त। मैं यह सब क्यों कर रहा हूँ, यह भी मुझे मालूम नहीं। कृपा करके मेरी मदद करो या फिर मुझे क्षमा ही कर दो। फिर एक नारियल चढ़ाकर, कपड़े में बाँध, उसके घर को चल पड़ा।

अँधेरा था लेकिन उसके द्वार तक पहुँचने में कोई मुश्किल नहीं हुई। मैंने द्वार खटखटाया। कुछ क्षणों बाद बुढ़िया ने दरवाज़ा खोला। मुझे पहचाना और अत्यन्त आश्चर्य से कहा, ''पुरोहित जी! धन्यभाग हमारे!''

"आप और आपकी मालकिन जी मन्दिर नहीं आ रहीं। वो ठीक तो हैं।" यह मैंने कहा।

बुढ़िया पल्लू का कोना मुँह में ठूँसकर खिलखिलाने लगी। और उसी क्षण मुझे लगा मैं ही मूढ़ हूँ। लेकिन, "वैसे मैं प्रसाद तुम्हारे लिए लाया हूँ।" ये कहा मैंने। अब इस बात में मालकिन जी की बात उठाता तो अपनी मूर्खता दोहराना होता।

उसने प्रसाद लिया, "ज़रा ठहरिए।" कहा और घर के भीतर ग़ायब हो गई। मेरी मूढ़ता, हमारी मुलाक़ात का अशुभ होना और उसके घर की चौखट पर मुझे खड़े देख लोगों के ताने—ये सारी बातें मुझे घेरने लगीं, तभी वह फिर मेरे सामने आ खड़ी हुई।

"मालकिन जी आपसे बात करना चाहती हैं।" उसने कहा, "कृपा करके इस तरफ़ आइए।" और मुझे कन्दरा समान लपेटवाँ मकान के अन्दर ले गई।

वह फ़र्श पर चटाई बिछाकर पिछवाड़े के एक कोने में बैठी थी। ऐसा लगा जैसे उसकी आकृति, पास जलते दीये के उजाले में कम और छाया में ज़्यादा ढँकी थी। दीये का प्रकाश बग़ल में रखी चाँदी की सुराही से टकराकर टिमटिमाता हुआ एक लक्ष्मण रेखा खींच रहा था।

"प्रसाद के लिए धन्यवाद!" उसके स्वर ने वर्षों की कठिन संगीत साधना की सूचना दी, "क्षमा कीजिए, स्वयं आपका स्वागत नहीं कर सकती। मैं आपको यहाँ आमंत्रित करने का साहस कभी न कर पाती। लेकिन चूँकि आपने मेरे यहाँ पधारने की मेहरबानी की है, एक मेहरबानी और करेंगे?"

मैं चुप रहा। केवल दो औरतों से अच्छी तरह से परिचित था मैं; एक मेरी माँ, दूसरी मेरी पत्नी। और भय तो इस बात का था कि उत्तर देने की चेष्टा में कुछ से कुछ न कह बैठूँ। अत: बात पी गया।

ज़रा ठहरकर उसी ने फिर बात उठाई, ''पुष्प-सज्जा में आपकी कला-कौशल के बारे में सुना ही था—अब अपनी आँखों से देख अवाक् रह गई हूँ। मैं मन्दिर के भीतर गर्भगृह तक प्रवेश नहीं कर सकती और आप खुलेआम मेरी संगति में दीख नहीं सकते। इसलिए आप कृपा करके...एक शाम, सिर्फ़ एक शाम मेरे नाम कर देंगे? यहाँ आकर मुझे भी दिखाइए कि आप करते कैसे हैं?''

मैं चुप रहा। आश्चर्य से मेरे मौन को उसने स्वीकृति समझा। क्योंकि आगे उसने कहा, ''एक दिन और, फिर मैं भी इस कोने से मुक्त हो जाऊँगी। परसों शाम आपके आने की उम्मीद करना क्या मेरी धृष्टता तो नहीं होगी?''

मैंने कहा, ''मैं आऊँगा।'' क्योंकि और कुछ कहना भी धृष्टता होती। सो चल पड़ा।

हल्के बुखार से ग्रस्त दो दिनों के बाद लिंगम् से बटोरे हुए पुष्पों की गठरी लेकर मैं उसके द्वार पहुँच ही गया। इस बार दरवाज़ा यूँ खुला जैसे उसके पीछे कोई पहले से राह ताक रहा हो। दरवाज़े के पीछे बुढ़िया थी। चन्द्रावती भीतर सभामंडप में खड़ी थी, स्तम्भ के पीछे। अधछिपी।

उसके ऊपर स्तम्भ की परछाईं होते हुए भी उसके मुख और कन्धे पर छाए घने, खुले, लम्बे बाल मुझे दिखाई दिए। साड़ी को अपने अंग से चिपकाए इस प्रकार कसकर पकड़ रखा था जैसे ठंड लग रही हो।

"पधारें पुजारी जी!" कहा उसने, "इस बार तो मैं आपको बैठने के लिए कह सकती हूँ।"

बुढ़िया ने फ़र्श पर बिछी चटाई पर बैठने का संकेत किया। मैं बैठ गया। मैंने पोटली खोली और उसके सामने पुष्प फैलाए। चन्द्रावती ने अपने दाएँ हाथ की उँगलियों से माथे पर छाए बालों को पीछे किया और सिर के एक झटके से उन्हें गर्दन के पीछे बसा दिया। फिर पुष्पों के निकट आई। मैंने देखा कि उसने बड़ी चतुराई से आँखों में काजल डालकर, गालों पर हल्दी और चन्दन का उबटन लगाकर अपना श्रृंगार किया था। दीये की लौ उसके होंठों पर इस तरह चमक रही थी जैसे उसकी बातों की धुन पर पारे की थिरकन।

"सुन्दर!" उसने कहा, "ज़ाहिर है, आपकी कला शुरू होती है पुष्पों के चुनाव से। क्या आप मुझे पूजा की विधि बताएँगे—विस्तार से?"

"सर्वप्रथम, नहलाना होता है लिंगम् को। देवता को स्वच्छ करके श्रृंगार के लिए तैयार करना होता है।"

उसने अत्यन्त ध्यान से मेरे शब्दों को सुना और मैंने जैसे ही बात पूरी की, उसने कहा, "आपको कोई आपत्ति न हो तो क्या आप मेरे लिए अपना कौशल करके दिखाएँगे?" मैंने चारों ओर देखा निर्णय लेने के लिए कि कैसे और कहाँ से प्रारम्भ करूँ। यही सोच रहा था तभी उसने कहा, "अभी-अभी स्नान किया है मैंने। सन्ध्या को। सिर से नहाई हूँ। क्या मुझे फिर से स्नान करना होगा?"

उसकी बात का मैं पूरा अर्थ नहीं समझ पाया था लेकिन मेरा यत्न यही रहा कि कैसे यह दिखाऊँ कि मैं

उसकी बात का अर्थ पूरी तरह जानता था। मैंने कहा, ''नहीं, ऐसी कोई ज़रूरत नहीं।''

''तो हम शुरू करें?'' सहजता से उसने अपनी साड़ी उतार दी और मेरे सामने बैठ गई।

मैंने कभी किसी स्त्री को पूर्ण रूप से नग्न देखा ही नहीं था। घर में हम सब खुले में, पिछवाड़े में, नीम और बरगद के पेड़ से बने कोने में स्नान करते थे। मेरी पत्नी अपने शरीर को साड़ी से ढँककर ही नहाती। जब मुझे उसकी चाह होती तो मैं उसकी दिशा में क्षणिक दृष्टि डालता जिसे वह पहचानने लगी थी और मध्यरात्रि, जब सब गहरी नींद में होते, वह मेरे कमरे में रेंगती हुई आती— मेरे बिस्तर में चोरी-चोरी एक संक्षिप्त हाथापाई के लिए...। जिसमें वस्त्रहीनता की न्यूनतम आवश्यकता थी। घर में हमारे दो बच्चे और मेरे बूढ़े माँ-बाप थे और कभी कोई यह नहीं कह सकता था उनमें से कब कोई हमें पुकारेगा। किन्तु मूल समस्या इससे कहीं और जटिल थी। वस्तुत: किसी के सामने तो क्या, एकान्त में भी मेरी पत्नी स्वयं को नंगी पाने के विचार से ही काँप जाती। लाज के मारे वह ख़ुशी-ख़ुशी मृत्यु को गले लगा लेती।

काँसे की साँवली आकृति से विमूढ़ मैं उसे समझना चाह रहा था किन्तु मुग्ध, धड़कन क्षिप्र। लग रहा था हृदय कान के परदे को फाड़कर बाहर निकल आएगा और मेरे हाथ तो ऐसे काँप रहे थे कि मैं पुष्प-माला भी न उठा पाया। मैंने अपने आराध्य से प्रार्थना की कि मुझे अपने ही हाथों अपनी मूर्खता सिद्ध करने से रोक लो। अब मेरा काम था कि मैं उसे यह दिखाऊँ कि शिवलिंग का शृंगार कैसे किया जाता है। लिंगम् के साथ तो मैं

खेल भी सकता था पर यहाँ? उसके शरीर की भौतिक गन्ध उसके सुगन्धी फुलेल में घुलकर उभर रही थी और इस काम में निरन्तर उसका स्पर्श करके, उसके वस्त्रहीन अंग को सहलाकर मृदु बनाते हुए मुझे स्वयं दृढ़ होना था। संयम रखना अनिवार्य था। भाग्यवश चन्द्रावती स्वयं इतनी शान्त और स्थिर थी कि किसी भी प्रकार की उत्तेजना का प्रश्न नहीं था। मुझे भिन्न लम्बाई के हार चुनते हुए...यह सोचते हुए कि कौन सा हार किस अवयव को शोभा देगा... एकाग्रचित्त से वह यह सब देखती रही। कई बार उसी की गढ़ी हुई सर्पिलता ने अलंकार को आकार दिया था। मोगरे की कलियों के गजरों को मेरे निर्देशन की कोई आवश्यकता ही नहीं रही थी। स्तनों को चूमते, उनके आर-पार होते हुए काँख के नीचे से हौले से निकलकर वे कन्धों के पीछे, ढीली गाँठ में सिमट गए थे। फिर किसी जलधारा की तरह पीठ के उस भाग तक छलाँग लगाते हुए पहुँचे जहाँ से फिर कमर पर झूमते-झूलते बह गए, नाभि के नीचे, आगे के मृदुल टीले के नीचे तक, जाँघों पर, छलकते अधोकेशपुंज में विलयित। किन्तु नितम्ब के श्रृंगार में मुझे अपने कौशल का पूरा उपयोग करना पड़ा ताकि पुष्पों की कलाबत्तू उसकी गोलाई में सिमटकर रहे। एक-दो बार धागा जब उसकी मांसलता में चुभा तो दर्द से उसका चिहुँकना मैंने देखा। किन्तु उसके बाद वह मुस्कुराती और कहती, "आगे बढ़िए न!"

उसके स्तन दृढ़ और कसे हुए थे। मैंने नारंगी रंग के डाँठवाले पारिजात के श्वेत पुष्प उसके वक्ष पर फेरने के लिए चुने थे ताकि उसके श्यामल चूचुकों की सरसाई

उभरकर दिखे। मैंने शेष भाग वक्ष उभय के बीच दबाया और वो वहीं के वहीं बने रहे। फिर मैंने एक जवाकुसुम खुले भाग में रखा, इसलिए नहीं कि पुष्पों के फेरवे गिर न जाएँ बल्कि इसलिए कि उसके आकार और रंग की जुगलबन्दी उभरे। पर इससे असन्तुष्ट रहा और उसके स्थान पर उससे छोटा पलाश का एक पुष्प धर दिया।

"आपने उसे बदला क्यों?"

एक ही प्रश्न।

"तुम्हारा वहाँ वाला तिल ढँक गया था।" मैंने कहा।

वह हँस पड़ी।

"आभूषण की सुन्दरता उसके विवरण में होती है।" मैंने उसकी हँसी में ढले प्रशंसा के चक्कर में आकर कहा और तुरन्त...तुरन्त मुझे अपनी मूर्खता का भान हो गया। इस बात पर उसका ध्यान गया तो था पर उसने दिखाया नहीं।

जैसे-जैसे शृंगार की एक पूरी नई दुनिया मेरे सामने उभर रही थी, लिंगम् के बारे में मेरे मन में विचारों का आवागमन जारी रहा। मुझे उस पर दया आई। उनके अतिसाधारण, अतिसामान्य रूपरेखा से क्रुद्ध हुआ। उनका आकार इतना सीधा-सादा और अरोचक क्यों था? पुष्प-मालाएँ उन पर ठहरती थीं तो डोलती हुई उन पर अनिश्चिततापूर्वक ठहरतीं और मुझे गाँठ लगानी पड़ती ताकि कुछ कुरूप धागे छिपा सकूँ। स्वयंभू ने स्वयं को ऐसा कोई स्वरूप क्यों नहीं अर्पित किया जिससे प्रेरणा मिले जैसे चन्द्रावती के अंग-अंग से प्रस्फुटित होती थी!

मैं उसे सजाता गया। निःशब्द। बुढ़िया कमरे के अन्दर-बाहर होती रही। आरम्भ में मैं झल्लाया। पर चन्द्रावती ने

हाथ से उसकी अनदेखी करने का संकेत किया। अब बुढ़िया पुष्प उठाकर मेरी सहायता करने आई तो मैं भन्ना उठा और उस पर ऐसे टूटा कि वह उलटे पाँव निकल गई और चन्द्रा हँस पड़ी। उधर बुढ़िया चौखट पर ही खड़ी दूर से सराहना में खिलखिलाती रही।

मेरा कार्य पूरा हुआ। चन्द्रावती ने एक बड़ा दर्पण मँगवाया। विभिन्न कोणों से स्वयं को निहारा, बारीक़ियों को परखती-जाँचती आँखें कुतूहल से सिकुड़तीं और कौतुक से बड़ी हो जातीं।

जैसे ही उसने चुपचाप दर्पण बुढ़िया को वापस थमाया, मैंने हकलाकर पूछा, "कै...कैसा लगा?"

चन्द्रा ने चटाई पर बचे-खुचे पुष्पों में से गुलदाउदी का एक पुष्प उठाया और मेरे कन्धे पर मेरी जनेऊ के धागों में पिरो दिया। बुढ़िया चली गई दरवाज़ा खोलकर और दरवाज़ा खुला रहा।

अब तो यही हमारी दिनचर्या बन गई और प्रतिदिन मैं पुष्प-शृंगार में नित्य नया-नया विन्यास रचाने लगा। स्वरूप की आवृत्ति न हो, इतनी सावधानी मैं बरतने लगा। और यह चुनौती मेरा सिरदर्द बन गई और मेरा आनन्द भी।

विहँसकर एक दिन चन्द्रा ने कहा, "आपकी कृपा से मैंने अब बालों में पुष्प लगाना छोड़ दिया है। मैं कुछ भी कर लूँ अब ये पुष्प मेरी सुनते ही नहीं जैसे आपकी उँगलियों की सुनते हैं।"

अब जब भी मुझे चन्द्रावती को निर्वस्त्र करना होता, वह मेरी मदद ही न करती। कभी-कभी उसका स्तन-वस्त्र इतना कसकर बँधा होता कि मैं उसे छुरी से काट

डालने की धमकी देता। वह कहती, ऐसी आतुरता, ऐसा अधीरज मुझे शोभा नहीं देता। और कभी-कभी तो ऐसा भी होता कि चेतावनी बिना ही, उसे छुए बिना ही स्तन-वस्त्र अपने आप छूटकर गिर जाता। मेरी साँसें वहीं की वहीं। आँखें फाड़-फाड़ देखता रह जाता। उसे सजाने के बाद मैं उसे चटाई पर लिटाकर उसके तिल को चूमता। और वह तत्काल सर्पिणी की तरह सीत्कारती हुई मुझ पर टूट पड़ती। उसके रोम-रोम में ज़िन्दगी की लहर दौड़ जाती और वह पुष्पों की शय्या बन जाती।

मैं बड़ी देर से घर लौटता। भूखा। चन्द्रावती ने इस बात को लेकर मुझे चिढ़ाना छोड़ दिया था कि मैं उसका भोग करता हूँ पर उसके घर के भोजन का नहीं। कल्याणी सरोवर में डुबकी लगाकर मैं घर लौट जाता। पत्नी हमेशा जागती रहती। उसने मुझसे पहले कभी मुँह में अन्न का दाना नहीं रखा। जैसे ही सरोवर में मेरे छपछप की आवाज़ सुनती पत्नी भोजन गरम करने लगती। जब मैं भोजन करता, छोटे स्तन और ऊँचे क़द की मेरी पत्नी दरवाज़े पर खड़ी रहती तनी-तनी। चिन्ताग्रस्त तो थी ही। पर कभी मुझसे चन्द्रावती के बारे में पूछा नहीं। मैं भी जानता था, वो नहीं पूछेगी...एक शब्द भी नहीं।

क़ुछ ही दिनों में आसपास के गाँवों में बात फैल गई। मैं जानता था कि मुख्य प्रतिक्रिया विस्मय भरी होती कि इतनी सुन्दर और जानी-मानी धनवान गणिका ने मुझ जैसे दरिद्र नारायण को अपना प्रियतम कैसे बना लिया। कई मुंडियाँ हिलतीं या तो मेरे सौभाग्य पर या फिर मेरे पौरुष पर। मेरे लिए इन बातों को कोई महत्त्व नहीं था। दुख तो इस बात का था कि मैं अपनी पत्नी को दुख

पहुँचा रहा था। मैं उससे प्रेम करता था। मैं जानता था कि मैंने उसे कष्टदायक कानाफूसी का निशाना बनाया था। उसके क्रोध और स्वाभिमान को लगी ठेस का आभास हुआ और स्वयं लज्जित भी हुआ। घर में बातचीत टूटी-टूटी होती और हमने एक-दूसरे की तरफ़ देखना तक बन्द कर दिया। इस विषय में मैं कुछ कर भी नहीं सकता था। कोई भी कुछ नहीं कर सकता था।

मेरी पत्नी ने मेरी पूजा का यह नया आयाम पहचान लिया था। अब मैं विभिन्न प्रकार के पुष्प ढूँढ़ता, और भी सावधानी से उन्हें चुनता और बूटियों के साथ लिंगम् पर प्रयोग करता, चन्द्रावती ने पूजा में नई विधि जो पिरो दी थी। चन्द्रावती की सज्जा में मैं इनसे भिन्न विन्यासों का आविष्कार करता। मालाएँ वही थीं किन्तु स्वयंभू मेरे प्रयोगों के लिए प्रतिमान नहीं थे कि मैं पहले उन पर हाथ साफ़ करके, उसके बाद चन्द्रा के अंगों की मनचाही सजावट करता। हर रोज़ मैं पुष्पों को बहलाता कि वो ईश्वर से कुछ विशेष कहें और चन्द्रा से कुछ भिन्न विशेष।

मैंने यह बात चन्द्रा को समझाने की कोशिश की। सोचा था कि वह इस बात से प्रसन्न होगी। इसके ठीक विपरीत उसका पारा चढ़ गया। मुझ पर ध्यान क्यों नहीं दे सकते? मैं तुम्हारे लिए असभ्य हूँ न? उजड्ड—वो भी ज़रूरत से ज़्यादा। लेकिन मैं अशिष्ट, मूर्ख नहीं हूँ, जान लो। मुझे पता है कि आपका मन कहीं और है। वहीं क्यों नहीं रहते—पथरीले लिंगम् पर प्रयोग करते हुए?

बाक़ी साँझ उसकी खिन्नता से भरी रही। फिर भी उसने यह कहकर मना लिया, ''आप तो मेरे देवता हैं।

मैं तो आपकी पूजा करती हूँ, आपसे कैसे रूठूँ?'' ऐसा लगा जैसे उसने मुझे अपनी अन्तरात्मा के एक विशेष कोने पर परदा डालने के लिए विवश कर दिया था, जिससे वह और भी परायी हो जाती। अब ऐसा कोई भी नहीं था जिसके साथ मैं इस नई स्थिति की उलझन बाँट सकता—या यह स्थिति थी बारह दिन पहले। तृतीया तक।

उस साँझ, हर दिन की तरह, मेरी पत्नी और मैं तोप की आवाज़ की प्रतीक्षा कर रहे थे कि पूजा आरम्भ कर सकें। पर नियमित घड़ी बीत गई फिर भी तोप की आवाज़ सुनाई नहीं दी। मैंने अपनी पत्नी को घर भेज दिया।

''जाओ बच्चों को खिला दो।'' मैंने कहा, ''जो भी हो, तोप के चलने पर तुम तुरन्त वापस आ सकती हो!''

उसने सिर हिलाया और चली गई। मैं यहाँ बैठा, ठीक यहीं, मन्दिर के कल्याणी सरोवर के सबसे ऊपरवाली सीढ़ी पर और राह देखता रहा। लगातार यूँ ही बैठे रहने से आशंका के मारे बेचैनी बढ़ी। सरकार देर से आएँ, यह कैसे हो सकता है। वे तो समय के बड़े पाबन्द हैं। मुझे लगा, मुझे कुछ करना चाहिए। सो मैं मन्दिर के भीतर जाकर लिंगम् पर पुष्पमाला चढ़ाने लगा। मुझे पहले से कुछ अच्छा लगा। यूँ लगा जैसे किसी पुराने मित्र का साथ मिल गया हो। मैं लिंगम् से बात कर रहा था। कह रहा था—न जाने सरकार के अब तक न आने का कारण क्या होगा! मेरी पत्नी आई। एक शब्द के बिना वह पूजा की तैयारी में लग गई। हमने जो-जो करना था, सब निपटा लिया। पर तब भी किले से सरकार के चलने का कोई संकेत नहीं मिला। अत: फिर से राह ताकने में लग

गया। चिन्तित था कि अब तक चन्द्रावती बेचैन हो गई होगी। अपने घर के दरवाज़े से टिककर खड़ी होगी, ठीक मेरी पत्नी की तरह।

हम तीनों के तीनों प्रतीक्षा में खड़े रहे जड़, संरकार के चल पड़ने की प्रतीक्षा, प्रतीक्षा तोप के चलने की ताकि जीवन अपनी गति से फिर चल सके। कुछ और घंटे गुज़रे। मैं बैठ-बैठकर थक गया। सन्देश भेजने की कृपा करते तो उपकार समझता पर राजा-महाराजाओं को आचरण कौन बताए?

मैं मन्दिर के भीतर लौट गया। मेरी पत्नी मुख्य द्वार के सामने लेटी-लेटी सो गई थी। वहाँ खड़े होकर मैं उसे देख रहा था। वह गीले चिथड़े की तरह पड़ी थी वहाँ। मुँह आधा खुला हुआ। जीवन को जीने के उत्साह के बिना। अंग-अंग से थकान टपकाती। उसे सोते देख कितना समय बीत चुका मैं याद नहीं कर पा रहा था। ऐसा लग रहा था कि उसे विश्राम की बहुत आवश्यकता थी। उसे जगाने को मन ही नहीं किया...फिर यहाँ लौटा, सीढ़ी पर। निगरानी करने।

एक और घंटा, न तोप की ठाँयँ कानों में पड़ी, न उनकी सवारी पधारी। मध्यरात्रि होने को थी। सरकार का अर्द्धरात्रि में आना तो किसी के भी सोच के बाहर था। मैं वापस मन्दिर गया। हल्के से अपनी पत्नी की लेटी आकृति के पार क़दम रखा। वह जग गई। छाती से पल्लू को कसकर खींचे उठकर बैठ गई और अपने चारों ओर देखा; मानो अनुमान लगा रही हो कि वह कहाँ है।

"चलो पूजा निपटा लें।" मैंने कहा, "वो नहीं आएँगे। ज़रूर किसी समस्या के कारण घर से निकल नहीं पाए

हैं और हम अपने ईश्वर को निरन्तर प्रतीक्षा तो नहीं करा सकते।''

थकान के मारे उसने केवल सिर हिलाया।

मैंने पूजा कर दी। अन्दर ही अन्दर खौल रहा था और भगवान से कहा कि मुझे आशा है कि तुम मेरी कामचलाऊ विधि से रूठोगे नहीं। और वैसे देखा जाए तो तुम वैरागी हो और तुम्हें श्रृंगार पूजा की आदत भी तो मैंने ही लगाई है।

हाँ तो—पूजन निपटाकर मैंने पत्नी की खुली हथेली पर एक पुष्प रख दिया। अपने जूड़े में उसे खोंसने को जैसे ही उसने पीठ सीधी की, सीधे मेरी आँखों में देखा...और देखती ही रही। वहाँ केवल मेरी पत्नी थी और मैं था। केवल हम दोनों अकेले...जिस तरह घर में कभी नहीं हो सकते थे। ऐसे समय और स्थान पर किसी के प्रवेश करने की सम्भावना नहीं थी। और इस एक बार उसका संयम फिसल चुका था और अपनी चाह, अपनी वासना को बेशर्मी से खुला छोड़ दिया मानो उसने छाती पर से साड़ी का पल्लू सरका दिया हो। और अपनी चोली दिखाते, पल्लू वहीं लटकता छोड़ दिया हो। सम्भोग के बारे में पल भर भी सोचना, वो भी मन्दिर के भीतर, यह तो उसकी सोच के बाहर की बात थी।

अतिघोर महापाप!

लेकिन इस क्षण वह इसी महापाप का स्वागत कर रही थी। मेरा रोम-रोम उसकी चाहत में चिल्ला उठा था। धक्का इस बात का लगा कि मैं भूल गया था कि मैं उसे भी चाह सकता था। लिंगम् हमें ताकता हुआ बैठा रहा और मैंने शान्त गुर्राहट से पूछा, 'कितनी अजीब बात

है, नहीं? मैं तुम्हारे गर्भगृह को आज दूषित करने वाला हूँ और वो भी अपनी धर्मपत्नी के साथ। क्योंकि चन्द्रावती को इस जन्म में तो यहाँ क़दम रखने की अनुमति कभी नहीं मिलेगी।'

सबसे आसान काम होता कि मैं अपनी पत्नी की ओर मुड़कर उसका हाथ थाम लेता। पर अचानक मेरे अन्दर तक झिझक ने क़ब्ज़ा कर लिया...जैसे मुझे लकवा हो गया हो। घबराहट में मैं लिंगम् की ओर मुड़ा और मैंने एक हार उठाया। मैंने ऐसा क्यों किया? क्या इसलिए कि बिना पुष्पों के प्रेम करने की आदत खो चुका था? बस!

वही एक मोड़ घातक रहा। चाहत फीकी पड़ गई और उसकी आँखों की दमक भी। व्यर्थता तेज़ी से उसकी आवाज़ में समा गई और वह बड़बड़ाई, "अँधेरा है...अब मत जाइए...साँप, विषैले जीव-जन्तु। आज घर पर ही क्यों नहीं रहते?"

कराह के स्वर का ज़ोर इस बात पर था कि वह जान चुकी थी, मेरा उत्तर क्या होगा...बस उसी बात से मैं चिढ़ गया, "घर जाओ। मैं बाद में आऊँगा। मेरी राह मत देखना। मुझे भूख नहीं है।"

मैंने उसकी ओर पीठ की और लिंगम् पर से पुष्प चुनने लगा। वह वहीं खड़ी रही, अचल, अपने पैर के अँगूठे को ताकती हुई जिससे वह पथरीले फ़र्श को खुरच रही थी। मैं गठरी उठाकर निकल पड़ा।

चन्द्रावती के मकान में किसी के चलने-फिरने के चिह्न नहीं थे। धुँधला-सा प्रकाश दरवाज़े के नीचे से बाहर फैल रहा था। मैंने दरवाज़ा खटखटाया। फिर दो

बार खटखटाने के बाद ही कपड़ों की सर्राहट की आवाज़ आई और बुढ़िया ने खीजी आवाज़ में पूछा, "कौन है?"

"मैं हूँ।" मैंने कहा और दरवाज़ा चिरचिराता हुआ खुल पड़ा। वहाँ बुढ़िया थी। उसके बग़ल में थी चन्द्रावती। अस्त-व्यस्त, मुड़े हुए बाल, जैसे-तैसे लपेटी हुई सिलवट-भरी साड़ी में, मुस्कुराती हुई मानो क्षमा माँग रही हो।

"क्षमा करना मैंने तुम्हें जगा दिया।" मैंने चिढ़कर कहा। "मैं लौट जाता हूँ।"

मैं जाने के लिए मुड़ा पर आज उस क्षण को कोसता हूँ कि मैं लौटा क्यों नहीं! क्योंकि उस एक क्षण में भी मैं अपने भविष्य को बचा सकता था। सम्भवत:।

पर चन्द्रावती ने मेरी बाँह पकड़ ली, "माफ़ कर दीजिए, आँख लग गई थी। बाल-बाल मोती पिरोकर बैठी थी...अब भी अपनी सबसे अच्छी साड़ी में हूँ।" फिर उलाहनेवाले अन्दाज में कहा, "मैं राह देख रही थी। कितनी देर कर दी! नींद आ गई तो मेरा क्या क़सूर?"

अचानक मेरी बेचारी पत्नी की थकी आँखें याद हो आईं। मैं पिघल गया। मैंने घर में क़दम रखा।

"आज हमारे छोटे सरकार के दर्शन होने से रहे।" मैं गुर्राया।

"चलो, अच्छा हुआ, मेरे सरकार ने तो ऐसा नहीं होने दिया।" उसने हाज़िरजवाब दिया और हँसी। इसी हँसी के सामने मैंने अपने को सदा निहत्था पाया है।

उस रात सम्भोग नहीं हुआ। चाहता था कि चन्द्रावती मेरे पास चुपचाप सो जाए पर उसे पुष्प चाहिए थे।

"आप इतनी लम्बी डगर चल के आए हैं, न साँप की सोची, न विषैले कीड़े-मकोड़ों की परवाह की! मुझे

देखना ही है कि आप आज मेरे लिए कौन से पुष्प लाए हैं। और क्या करनेवाले हैं उनके साथ। और मेरे साथ भी।'' ज़िद की उसने, ''मैं ऊँघ गई तो रूठिएगा नहीं।''

बस फिर मैं उसे सजाता, सँवारता, नींद से जूझता रहा, और क्या! थोड़ी ही देर में मैं दीवार से टिककर ओठँगता हुआ बैठा और उसने मेरे कन्धे पर सर रखकर पलकें मूँद लीं। वह आँखें खोलती, माफ़ी की चाह भरी मुस्कान से फिर नींद में बह जाती। मैं उसकी लटों में पिरोए हुए गेंदे के पुष्प को चूमता और उसके वक्ष को अपनी हथेलियों में थाम लेता।

''उन्हें सहारा देना चाहिए। नहीं तो, अपने ही वज़न से दुखने लगता है।'' कहा था उसने। मैं तो तिल देख रहा था। जो बाएँ वक्ष की ढलान पे टिका हुआ सन्धि के गहराव में यों झाँक रहा था मानो किसी भी पल उसकी गहराई में कूद पड़ेगा। तिल को चूमने की इच्छा प्रबल हो रही थी किन्तु वह जग जाएगी, इस भय से बैठा रह गया। फिर जाने कब वह गहरी नींद में लुढ़क गई। मैंने चन्द्रावती को पुष्प की तरह गलीचे पर लिटा दिया। तब भी वह ज़िद्दी बच्ची की तरह नींद से लड़ती हुई कराह रही थी। मैं झुका और तिल को हौले से चूम लिया।

तोप चली। रात की निस्तब्धता चकनाचूर हो गई। वास्तव में वो आवाज़ एक थड़ से ज़्यादा नहीं थी और उससे चन्द्रा की गहरी नींद में लहर तक न उठी। बरसो-बरस उस आवाज़ को सुनने का अभ्यास था मुझे और कितनी ही क्षीण हो, उस ध्वनि को पहचानने में मुझसे भूल नहीं हो सकती थी। उसके बुलावे को तुरन्त पहचान गया। वही तोप का चलना, वही पत्थर की लकीर। मैंने

फिर आव देखा न ताव। उठ खड़ा हुआ। उसके बालों में से पुष्प खींच निकाले और पोटली में जमा करने लगा। वह जागी और बैठ गई। अब भी नींद के नशे में चूर, भौचक्की। जैसे मैंने पुष्प खींचे। वह कराहने लगी।

"वो आ रहे हैं," उसे देखने में एक क्षण भी बिना गँवाए, मैंने कहा, "मुझे चलना होगा।"

हर क्षण मूल्यवान था। मन्दिर पहुँचने पर मात्र आधा घंटा बचता सब कुछ ठीक-ठाक करने के लिए और मैं जप तो यही रहा था कि कहीं मेरी पत्नी तोप की आवाज़ के बावजूद सो न रही हो। मकान का दरवाज़ा बन्द करने के लिए जैसे ही मुड़ा मैंने चन्द्रावती को देखा। नींद से जूझती हुई, दिग्भ्रान्त, काँपती हुई, रेंग रही थी वह, नंगी।

मेरी पत्नी मन्दिर के मुख्य द्वार पर पहले से खड़ी थी। मैंने अन्दर जल्दी से जाते हुए पूछा, "तुमने सब तैयारियाँ कर लीं क्या?" वह समझ ही न पाई, मैं किन तैयारियों की बात कर रहा था।

"पूजा की तैयारी करो, जल्दी। वे किसी भी क्षण आ टपकेंगे।"

"लेकिन पुष्प?"

मैंने बड़ी तेज़ी से पोटली खोली और लिंगम् को सजाने लगा। एक गहरी साँस भरी। मैंने अपने आपको उसके भीतर से उठते तिरस्कार के आघातों से घिरा पाया।

इन पुष्पों को हम पूजा में एक बार चढ़ा चुके थे। अब यह निर्माल्य जूठन ही था। चन्द्रावती के मकान में इन पुष्पों का क्या उपयोग हुआ था, इसकी कल्पना करने में पत्नी को कोई कष्ट नहीं उठाना पड़ा। इन्हें लिंगम् पर फिर से चढ़ाना अपवित्रता थी। किन्तु उसने कुछ भी नहीं

कहा। खड़ी-खड़ी देखती रही और मैं इस बात से चिढ़ रहा था कि वह मुझे इस फटकार के लायक समझती है। उस पर बरस पड़ा, ''देख क्या रही हो? हाथ बँटा नहीं सकतीं? वे किसी भी क्षण आ जाएँगे—छोटे सरकार।''

जब सरकार आए, गर्भगृह उनके स्वागत में वैसे ही शोभित था जैसे सन्ध्या-पूजन के समय। पुष्प ज़रा से मुरझाए हुए थे पर रात के इस प्रहर वह स्वाभाविक था। सरकार के साथ केवल कुछ ख़ास दरबारी थे। एक से एक थके हुए। पर हमारे छोटे सरकार हमेशा की तरह चुस्त। वे मुस्कुराए। विलम्ब के लिए क्षमा माँगी। कहा कि पड़ोसी राज्य के दूत पधारे थे सो...उन्हीं के आदर-सत्कार में व्यस्त थे। लिंगम् की सुन्दरता को ले के मेरी और मेरी पत्नी की उन्होंने प्रशंसा की। बधाई दी।

भार-मुक्त मन से मैंने पूजा की। पूजा समाप्त होने पर पुष्पों का थाल आगे बढ़ाया ताकि वे प्रसाद अपने हाथों चुन लें। फिर जैसे ही मैं अगले दरबारी की ओर मुड़ा मैंने छोटे सरकार को कहते सुना, ''पता नहीं था कि प्रभु के लम्बे बाल भी हैं।''

दरबारियों की थकान भरी भनभनाहट सन्नाटे में ढली और पूरे गर्भगृह की हर ईंट में बर्फ़ीली ठंड समा गई।

लटकते दीयों के टिमटिमाते प्रकाश में, दीवारों पर छाई हुई, नाचती परछाइयों के सामने वह बाल दीख नहीं रहा था। उनका दायाँ हाथ सामने की ओर तना हुआ, अँगूठा और तर्जनी चिकोटी काटे और बाक़ी उँगलियाँ सख़्त और सीधी बाल को दिखाती हुईं, जैसे कोई नृत्य की मुद्रा हो। और फिर लगभग दो बित्ते के अन्तर पर उँगलियों के नीचे हवा में लटक रहा था गेंदे का पुष्प।

उन्होंने मेरी ओर देखा और नज़र हटाने का साहस मैं नहीं कर पाया।

लेकिन उस क्षण, उनके ठंडे रोष से घबराहट उतनी नहीं हुई थी जितनी कि वेदना। असल में, मैं अपनी पत्नी के केशों की गाँठ को दस लोगों के बीच खोल रहा था, उसके बिछावने के टाँके सड़क पर सबके सामने खोल रहा था। उसे इस बात की ख़बर थी कि वहाँ हर कोई यह जानता है कि जिस बाल से वह भ्रष्ट पुष्प हवा में झूल रहा था वह उसका तो नहीं था।

"मुझे पता नहीं था कि प्रभु के लम्बे बाल हैं!" उन्होंने दोहराया।

मैंने इस परिस्थिति में जो एक ही उत्तर सम्भव था वो दिया, "अगर हम श्रद्धा से मानें कि प्रभु के लम्बे बाल हैं, तो बाल लम्बे होंगे।"

क्षणिक मौन के बाद उन्होंने कहा, "प्रमाणित करो।"

"करूँगा।" मैंने कहा, "यदि सरकार मुझे अगली अमावस्या तक समय देने की कृपा करें?"

"दिया।" उन्होंने उत्तर देते हुए कहा, "उस दिन हम गोधूलि वेला में आएँगे।" उन्होंने पुष्प वापस थाल में रखा और चले गए।

मैंने देखा कि उन्होंने मेरे ढीठ उत्तर पर रोष प्रकट करने के लिए घृणा से पुष्प फेंका नहीं था, बल्कि बड़े आदर से वापस रखा था। जैसे उनके भीतर बसे न्यायमूर्ति इस एक अन्तिम बार मुझ पर भरोसा रखने को, बाज़ी लगाने को तैयार थे।

यह बारह दिन पहले की बात है। उसके बाद जो भी हुआ, झट से बताया जा सकता है। सरकार के जाने के

तुरन्त बाद मैंने अपनी पत्नी को घर भेज दिया और मुझे साँझ तक एकान्त में छोड़ देने के लिए कहा। मैंने मन्दिर के बाड़े में सभी को, पत्नी को भी, क़दम रखने से मना कर दिया। फिर मैंने गर्भगृह का किवाड़ बन्द किया, पद्मासन में लिंगम् के सामने बैठ गया और प्रार्थना करने लगा।

प्रार्थना सही शब्द है या नहीं, मैं नहीं जानता। लिंगम् को अपने जन्म से ही जानता था। मेरे जीवन में लिंगम् का और मेरा साथ सबसे लम्बा रहा। गहरा सम्बन्ध था हमारा। बचपन में मैंने इस पे मूता भी था और फिर पश्चात्ताप में इस पर फूट-फूटकर रोया भी था। बड़ा होकर इसी से अपना सुख-दुख बाँटता था, आपबीती सुनाता था, पुष्प-सज्जा में मिली सफलता की शेख़ी बघारता था कि इसी से यह मन्दिर छोटे सरकार को सबसे प्रिय हो गया था। अब उसी लिंगम् के सामने मैं नाक रगड़ रहा था कि वह मेरी लाज रख ले। केवल उतना ही कर दे। अपने को पानी-पानी कर दिया था, और ऐसे में दुनिया को मुँह दिखाने के विचार से ही काँप रहा था। भगवान क्या कर पाएगा, यह मुझे पता तक नहीं था। मैंने ही ऐसी परिस्थिति का निर्माण किया था जिसे सुधारना कर्ता-धर्ता के बस में भी नहीं था। अब और कुछ करने को था ही नहीं, सिवा इसके कि उसके चरणों में आत्मसमर्पण कर दूँ। बारह दिन मैंने अपने अस्तित्व की शुद्धीकरण में लगा दिए। अपने अस्तित्व से हर नाम, हर व्यक्ति, हर चीज़ हटा दी सिवाय लिंगम् के।

इस सुबह पौ फटने से पहले ही लोग जमा होने लगे। साँझ को सरकार के आने तक दर्शकों की ऐसी भीड़ उमड़ी कि वे भी अन्दर नहीं आ पा रहे थे। उनके

पहरेदारों ने अपनी लाठियों का उपयोग करके राह बनाई। भूख, नींद और हताशा के मारे मैं भ्रमित-सा था। उसी अवस्था में मैं सोच रहा था कि ये लोग क्यों आए थे? क्या देखने की आशा में? मेरा मुँह काला होते देखना चाहते थे? छोटे सरकार को क्या देखने की अपेक्षा थी? और वे इस तमाशे में आख़िर भाग क्यों ले रहे थे? और मैं? समय माँगकर मैंने क्या कर पाने की आशा की थी?

मैं उन्हें बरामदे में ले गया। फिर एक अन्तिम प्रार्थना करते हुए मैंने अपनी आँखें बन्द कर लीं और गर्भगृह का द्वार खोलने के लिए ढकेला।

क्षणिक चुप्पी के बाद सरकार हाँफे। मैंने अपनी आँखें खोलीं। दीप जलाए नहीं गए थे और गर्भगृह में अँधेरा था। पर इतना अँधेरा भी नहीं कि किसी को न दिखें लिंगम् के लहराते, लम्बे, घने केश जो उसे पूरी तरह ढक रहे थे। वे ताकते रहे। मैं भी ताकता रहा। वे किसी भी प्रकार के स्पष्टीकरण के लिए मेरा मुँह ताक रहे थे। मेरे पास कहने को कुछ भी नहीं था। उनकी तरह मैं भी स्तम्भित हो गया था। उन्होंने दीप जलाने का आदेश दिया और मशाल मँगवाए। पर उन्हें उनकी आवश्यकता नहीं थी। अब जबकि गर्भगृह का द्वार खुला था, साँझ की हवा में झूमते-लहराते घने काले केशों की लहरों पर लहरें भभक उठीं। कजरारे छोर भँवरों के फिराव में लहरा गए। सब कुछ...समय भी अति मन्द गति से रेंग रहा था। जैसे कोहरे के कम्बल में लिपटा हो।

मैंने किसी को कहते सुना, ''चिपकाए होंगे।'' और फिर सरकार को हिचकिचाते हुए यह कहते सुना, ''जाँचकर देखें?''

एक दरबारी ब्राह्मण आगे बढ़ा। उसने केशों की एक मोटी लट उँगली पर लपेटकर खींची। बल लगाकर खींचा और अचानक लट उसके हाथों में आ गई। वह उसे सरकार के पास ले आया। सरकार जड़ों को जाँचने लगे। उनकी उँगलियों पर रक्त था। दरबारी लिंगम् की ओर वापस भागा, उस स्थान को खोजने लगा जहाँ से लट निकली थी। फूट-फूटकर रोते हुए वहीं ढेर हो गया, "रक्त! रक्त बह रहा है! मैंने प्रभु को घायल कर दिया।"

मैं बेहोश नहीं हुआ। अब उसके बाद की घटनाओं की याद कुछ धुँधली-धुँधली है : छोटे सरकार का मेरे पाँव पड़ना, क्षमा माँगना, भीड़ की लहर का मेरी ओर आशीर्वाद लेने को बढ़ना और फिर मेरी पत्नी का अचानक परिस्थिति को अपने हाथ में लेना और मुझे घर ले आना...उसके अधिकार के विरुद्ध किसी ने प्रश्न नहीं उठाया था कभी। छोटे सरकार ने भी नहीं। अब मैं गहरी नींद सोया। जगने पर अच्छा भी लगा। लगभग मध्यरात्रि की बेला थी। मेरे नित्य रात के भोजन का समय। पत्नी ने खाना परोसा और भोजन की विधि का ध्यान रखते हुए हमेशा की तरह दीवार से टिककर खड़ी रही।

उसने एक ही बात कही, "वह चली गई है। वह और उसकी बुढ़िया दूसरे ही दिन नगर छोड़कर चली गईं...।"

स्पष्ट था कि चन्द्रावती के ग़ायब होने से मेरी पत्नी को कोई अन्तर नहीं पड़ता। गणिका चली गई थी पर उसकी जगह शिवजी ने ले ली थी। रचयिता ने मुझे चुना था और मेरी सौभाग्यवती के लिए यह सम्भव नहीं था कि वह अपने को पत्नी के रूप में देखे। दाम्पत्य के सभी

बन्धन मिट चुके थे ताकि वह मुझ पर अपनी भक्ति निछावर कर सके। स्वयं को केवल दासी और संरक्षक का स्थान भी देने को तैयार थी। केवल यह मानकर कि मेरा उसका पति होना, उसका सौभाग्य था।

भोजन से शक्ति मिली और लीजिए! मैं यहाँ हूँ—कल्याणी सरोवर पर। चलते-चलते मैंने गर्भगृह में झाँककर देखा। बाल तो गए पर घाव अभी ताज़ा है। पहाड़ों के ऊपर सिपाहियों की मशालें दिख रही हैं जहाँ से वो मन्दिर तक पहुँचनेवाली हर सड़क की पहरेदारी करते हैं। अब मैं दरबारी सन्त बन गया हूँ...वो जो बहुमूल्य है, जिसे सँभालकर रखना आवश्यक है और जो आने-जानेवाले राजा-महाराजाओं को, राज्य-अतिथियों को गर्व से दिखलाया जा सके।

और अब मुझे अपने आराध्य से भी झगड़ा मोल लेना है।

उसने मेरे साथ ऐसा क्यों किया? मैंने स्वयं को कलंकित किया था, यह मैं जानता था। उससे मैंने केवल कलंकित जीवन जीने का साहस माँगा था। सरकार ने तो सही किया जो मुझे चार लोगों के बीच नीचा दिखाया, जवाब माँगा। मैं दोषी था और हूँ। दोष है दुष्कर्म का, विलक्षण भ्रष्टाचार का, अपवित्रीकरण का। क्रूरता का, उन दो औरतों के प्रति जिनसे मैं प्रेम करता था। तो फिर भगवान ने मेरी तरफ़दारी आख़िर क्यों की? इसलिए कि मुझे प्रभु से प्रेम था? क्या रचयिता को यह अधिकार है कि वह नित्य न्याय छोड़कर भक्त के पक्ष में हो जाए? या भगवान का कोई अलग तर्क है? अगर है तो यह अन्याय है कि वे मुझसे यह अपेक्षा करें कि मैं उस तर्क

के हिसाब से जिऊँ—वो भी बिना कोई प्रश्न पूछे कि वह क्या तर्क है ? यह कृपा ईश्वर की भी हो तो क्या हुआ...ऐसी कृपा केवल मेरी न्यूनता दर्शाती है। ऐसे उपकार का बोझ उसने मेरे कन्धों पर क्यों लादा ? इसके योग्य मैं क्यों ? मैं इसे अस्वीकार करता हूँ। ईश्वर को समझना चाहिए न कि वो भगवान है, इसीलिए उसके न्यायानुसार जिऊँ, यह मेरे लिए सम्भव नहीं।

वृश्चिक पानी के अन्दर तीसरी सीढ़ी के खोखल में से बाहर रेंगता हुआ निकला है। उसकी परछाईं मेरी ओर बहती चली आ रही है। खोखल अब ख़ाली है। बचपन में मैं इस खोखल में अपना सिर घुसाता, यह जाँचने के लिए कि मैं कितनी देर तक अपनी साँस रोक सकता हूँ। अब फिर से मैं यही करूँगा किन्तु अपने फेफड़ों को जाँचने के लिए नहीं बल्कि उस खोखल की संकुचित सीमाओं के भीतर उन उत्तरों को खोजूँगा जिनसे मुझे ईश्वर ने वंचित रखा है।

❂❂❂